Z SERCA AMMY

Rozmowy ze

Śri Mata Amritanandamayi

Mata Amritanandamayi Center, San Ramon
Kalifornia, Stany Zjednoczone

Z serca Ammy
Rozmowy ze Śri Mata Amritanandamayi

Rozmowy spisał i przetłumaczył: Swami Amritaswarupananda

Wydawnictwo:
Mata Amritanandamayi Center
P.O. Box 613
San Ramon, CA 94583
Stany Zjednoczone

——————————— *From Amma's Heart (Polish)* ———————

Amma w Polsce: www.amma-polska.pl

W Indiach
www.amritapuri.org
inform@amritapuri.org

Książkę tę składam w ofierze u Lotosowych Stóp
naszej najukochańszej Ammy,
źródła wszelkiego piękna i miłości

Niniejszy przekład książki na język polski
jest owocem wspólnej pracy wielu osób;
nie sposób wymienić wszystkich.
Niech ten zespołowy, bezimienny dar
będzie kwiatem złożonym u Lotosowych Stóp Ammy.

Spis treści

Aum Amriteswaryai Namah

Przedmowa

Bez słów życie ludzkie byłoby ubogie. Dzielenie się myślami i uczuciami jest jego nieodłączną częścią. Jednakże cisza, którą osiągamy poprzez modlitwę i medytację, jest tym, co naprawdę pomaga nam odnaleźć pogodę ducha i prawdziwe szczęście w naszym pełnym zgiełku, współzawodnictwa i konfliktów świecie. Nie jest łatwo po prostu milczeć, gdyż na co dzień jest wiele sytuacji, w których musimy się ze sobą porozumiewać. Choćby otoczenie sprzyjało spokojowi ducha, pozostawanie w ciszy jest wyzwaniem. Zwykłego człowieka może doprowadzić nawet do szaleństwa. Błoga cisza jest jednak prawdziwą naturą boskich istot – takich jak Amma.

Obserwując zachowanie Ammy w różnych sytuacjach oraz Jej bezpośredniość w kontaktach z ludźmi na całym świecie, zawsze dostrzegałem doskonałość i wdzięk w Jej umiejętności błyskawicznej zmiany nastroju. W jednym momencie Amma jest wielkim Mistrzem Duchowym, w następnym – czułą matką. Przybiera nastrój dziecka, w chwilę później staje się organizatorką. Po udzieleniu porad dyrektorom przedsiębiorstw, sławnym naukowcom oraz światowym przywódcom zwyczajnie wstaje i udaje się w kierunku sali, w której przyjmuje i pociesza tysiące Swoich dzieci z różnych ścieżek życia. Amma zwykle spędza cały dzień i większą część nocy dodając otuchy Swoim dzieciom, wysłuchuje ich i ociera im łzy, napełnia wiarą, pewnością siebie i siłą. Czyniąc to, Amma niezmiennie pozostaje w naturalnym, pogodnym stanie ducha. Nigdy nie okazuje zmęczenia. Nigdy nie narzeka. Z Jej twarzy zawsze emanuje promienny uśmiech. Amma – niezwykłość w zwykłej ludzkiej postaci – poświęca każdy moment Swojego życia innym.

Czym Amma różni się od nas? Jaki jest Jej sekret? Skąd czerpie Swoją nieskończoną energię i moc? Sama obecność Ammy jest wyrazistą i dotykalną odpowiedzią na te pytania. Potwierdzają to też Jej słowa: „Piękno twoich słów i czynów oraz wdzięk twoich ruchów w pełni zależą od tego, ile ciszy wykreujesz w swoim wnętrzu. Ludzie mają zdolność coraz głębszego zanurzania się w ciszę. Im głębiej się zatapiasz, tym bliżej jesteś Nieskończoności". Przenikająca cisza stanowi esencję życia Ammy. Bezwarunkowa miłość, niewiarygodna cierpliwość, wdzięk i czystość – wszystko, co Amma uosabia, wypływa z bezkresnego spokoju, w którym trwa.

W życiu Ammy był czas, kiedy nie mówiła tyle, co obecnie. Zapytana o to, odpowiedziała: „Nawet gdyby Amma mówiła, niczego nie zrozumielibyście". Dlaczego? Z powodu naszej nieświadomości, która nie pozwala nam pojąć tego najwyższego i najsubtelniejszego stanu, w którym Amma stale się znajduje. Dlaczego więc do nas mówi? Najlepiej odpowiedzieć Jej własnymi słowami: „Jeśli nikt nie poprowadzi poszukiwaczy Prawdy, to mogą oni porzucić ścieżkę duchową w przekonaniu, że stan *Samourzeczywistnienia* nie istnieje".

Wielkie Dusze, takie jak Amma, raczej wolałyby milczeć niż mówić o rzeczywistości istniejącej poza światem fizycznym. Amma wie, że Prawda wyrażana słowami nieuchronnie zostaje zniekształcona, a nasze ograniczone, nieświadome umysły zinterpretują Ją nieprawidłowo, by jak najmniej zaniepokoić nasze ego. Mimo wszystko Amma, to uosobienie współczucia, mówi do nas, odpowiada na pytania i rozwiewa wątpliwości, mając pełną świadomość, że w naszych umysłach pojawi się jeszcze więcej kłopotliwych pytań. To właśnie cierpliwość Ammy i Jej czysta miłość do ludzkości sprawiają, że wciąż odpowiada na nasze naiwne pytania. Amma nie przestanie, dopóki nasze umysły nie zaznają również stanu błogiej ciszy.

W rozmowach przedstawionych w tej książce Amma, Mistrz Mistrzów, dostosowuje się do poziomu świadomości Swoich dzieci, umożliwiając im choć chwilowy wgląd w niezmienną rzeczywistość, leżącą u podstaw zmieniającego się świata.

Zbierałem te myśli od 1999 roku. Prawie wszystkie zawarte tu rozmowy i historie zostały spisane podczas podróży Ammy po krajach zachodnich. Przebywając w bliskości Ammy w trakcie *darśanów* [audiencji], starałem się wsłuchiwać w boskie melodie Jej serca, którymi gotowa jest nieustannie dzielić się z nami. Nie jest łatwo oddać czystość, prostotę oraz głębię słów Ammy. Z całą pewnością przekracza to moje możliwości. Tylko dzięki Jej bezgranicznemu miłosierdziu byłem w stanie zanotować i przytoczyć tutaj Jej boskie wypowiedzi.

Podobnie jak sama Amma, również Jej słowa mają wymiar szerszy, niżby się to mogło na pierwszy rzut oka wydawać. Odzwierciedlają bezkres, którego zwykły umysł ludzki nie jest w stanie pojąć. Muszę przyznać się do własnej niemożności pełnego zrozumienia i docenienia głębszego znaczenia słów Ammy. Nasze umysły, błądząc w powierzchownym wymiarze zjawisk świata fizycznego, nie są zdolne do zrozumienia tego najwyższego stanu świadomości, z którego Amma do nas mówi. Mimo to żywię przekonanie, że sposób wyrażenia nauk Ammy zawarty w tej książce jest wyjątkowy i różni się od tych z poprzednich publikacji.

Moim szczerym pragnieniem było zaprezentowanie pięknych, osobistych rozmów Ammy z Jej dziećmi. Zebranie ich zajęło mi cztery lata. Słowa Ammy zawierają cały wszechświat i wypływają z głębi Jej świadomości. Tuż pod ich powierzchnią panuje błoga cisza, stanowiąca prawdziwą naturę Ammy.

Czytaj z głębią odczuwania. Kontempluj i medytuj nad tym poczuciem, a słowa będą odsłaniać swoje ukryte znaczenie.

Drogi czytelniku, jestem przekonany, że treść niniejszej książki rozwieje twoje wątpliwości i oczyści umysł, wzbogacając twoje duchowe dążenia.

Swami Amritaswarupananda
15 września 2003

Cel życia

Rozmówca[1]: Ammo, co jest celem życia?

Amma: To zależy od twoich priorytetów i tego, jak patrzysz na życie.

Rozmówca: Moje pytanie dotyczy „prawdziwego" celu życia.

---

[1] *Swami* podaje w prezentowanej książce zapisy rozmów Ammy z różnymi osobami. Raz są to kobiety, raz mężczyźni. Język angielski nie zawsze pozwala to rozróżnić. Tam, gdzie to było możliwe, uwzględniliśmy to w tłumaczeniu, w pozostałych przypadkach zastosowaliśmy rodzaj męski (przyp. tłum.).

Rozmówca: Ammo, co zyskujemy dzięki poznaniu tego, kim jesteśmy?

Amma: Wszystko. Poczucie całkowitego spełnienia, bez potrzeby osiągania czegokolwiek więcej w życiu. Odkrycie „kim jesteśmy" czyni życie doskonałym.

Niezależnie od tego, co nagromadzili, bądź co jeszcze usiłują zdobyć, ludzie w większości mają poczucie niekompletności życia, na kształt litery „C". Taka luka lub brak czegoś zawsze będą odczuwalne. Jedynie wiedza duchowa i urzeczywistnienie Jaźni może tę lukę wypełnić i połączyć oba końce, tworząc w ten sposób literę „O". Wyłącznie poznanie „Tego" pozwoli nam prawdziwie zakorzenić się w samym sercu istnienia.

Rozmówca: Jak w takim razie wygląda sprawa doczesnych obowiązków, z których ludzie muszą się wywiązywać?

Amma: Niezależnie od tego, kim jesteśmy lub czym się zajmujemy, wypełniane przez nas obowiązki powinny nam pomóc w osiągnięciu najwyższej *dharmy* [powinności], którą jest jedność z Najwyższą Jaźnią. Wszystkie żyjące istoty są jednością, ponieważ życie jest jednością i ma tylko jeden cel. Wskutek utożsamiania się z ciałem i umysłem ktoś mógłby pomyśleć: „Doświadczenie Jaźni i Samourzeczywistnienie nie jest moją *dharmą*; moją *dharmą* jest wykonywanie zawodu muzyka, aktora, biznesmena". W porządku, jeśli ktoś tak uważa. Jednak nigdy nie doznamy poczucia spełnienia, jeżeli nie skierujemy naszej energii ku najwyższemu celowi życia.

Rozmówca: Ammo, mówisz, że celem życia każdego człowieka jest Samourzeczywistnienie. Jednak wydaje się, że jest zupełnie inaczej, gdyż większość ludzi nie osiąga urzeczywistnienia, a nawet nie zabiega o nie.

Amma: Powodem jest to, że większości ludzi brakuje duchowego zrozumienia. Nazywamy to *mają* – iluzoryczną mocą świata, przesłaniającą Prawdę i oddalającą od niej ludzi.

Czy jesteśmy tego świadomi, czy nie, prawdziwym celem życia jest urzeczywistnienie boskości w nas samych. Jest wiele rzeczy, których możesz nie wiedzieć w swoim obecnym stanie świadomości. Stwierdzenie: „To nie istnieje, ponieważ nie jest mi znane" jest jednak dziecinne. W miarę pojawiania się sytuacji i doświadczeń otworzą się nowe, nieznane etapy w życiu, które przybliżą cię do twojej Prawdziwej Jaźni. To tylko kwestia czasu. Niektórzy już doświadczyli urzeczywistnienia, inni osiągną je niebawem. Są również tacy, u których nastąpi to w późniejszym okresie życia. Nawet jeśli to się jeszcze nie wydarzyło, czy też nie wydarzy w tym życiu, nie myśl, że to się nigdy nie stanie.

W twoim wnętrzu drzemie przeogromna wiedza, która czeka na twoje przyzwolenie, aby móc się przejawić. Nie zdarzy się to jednak, jeśli na to nie pozwolisz.

Rozmówca: Kto ma na to zezwolić – umysł?

Amma: Cała twoja istota – umysł, ciało i intelekt.

Rozmówca: To kwestia zrozumienia?

Amma: To kwestia zrozumienia oraz idących za tym czynów.

Rozmówca: W jaki sposób możemy osiągnąć to zrozumienie?

Amma: Rozwijając pokorę.

Rozmówca: Dlaczego?

Amma: Pokora czyni nas zdolnymi przyjmować wszelkie

doświadczenia bez ich osądzania. W ten sposób możemy się więcej nauczyć.

Nie chodzi tu wyłącznie o zrozumienie intelektualne. Na całym świecie jest wielu ludzi, którzy mają w głowach aż nadto informacji na temat duchowości. Lecz ilu spośród nich to osoby prawdziwie uduchowione? Ilu szczerze dokłada starań, aby osiągnąć Cel, lub przynajmniej próbuje pogłębiać zrozumienie zasad duchowych? Bardzo niewielu, prawda?

Rozmówca: Co więc jest, tak naprawdę, przeszkodą, Ammo? Brak wiary czy niemożność funkcjonowania poza naszym umysłem?

Amma: Jeśli masz prawdziwą wiarę, to nieuchronnie zstępujesz do serca.

Rozmówca: Czyli jednak brak wiary?

Amma: A jak myślisz?

Rozmówca: Tak, brak wiary. Ale dlaczego nazywasz to „zstępowaniem do serca"?

Amma: Patrząc na ciało ludzkie, widzimy, że głowa znajduje się najwyżej. Aby przejść z poziomu głowy do serca, z pozoru musimy upaść. Jednakże z duchowego punktu widzenia nie upadamy, lecz wznosimy się i szybujemy bardzo wysoko.

Bądź cierpliwy, gdyż jesteś pacjentem[2]

Rozmówca: W jaki sposób można otrzymać autentyczną pomoc od *Satguru* [Doskonałego Mistrza]?

Amma: Jeśli chcesz otrzymać pomoc, najpierw zaakceptuj fakt, że jesteś pacjentem, a następnie bądź cierpliwy.

Rozmówca: Jesteś naszym lekarzem, Ammo?

Amma: Żaden dobry lekarz nie ogłasza wszem i wobec: „Jestem najlepszym lekarzem. Przyjdźcie do mnie, wyleczę was". Nawet jeśli pacjent ma najlepszego lekarza, lecz mu nie ufa, kuracja może być niezbyt skuteczna.

Niezależnie od czasu i miejsca, wszystkie operacje, które odbywają się na sali operacyjnej życia, dokonywane są przez Boga. Chirurdzy podczas operacji noszą maski – trudno ich wtedy rozpoznać. Jednak pod każdą maską kryje się twarz lekarza. Podobnie jest w życiu – pod maską wszystkich doświadczeń kryje się miłosierne oblicze Boga lub *Guru* [Duchowego Nauczyciela].

Rozmówca: Ammo, czy nie jesteś bezlitosna, usuwając ego uczniów?

Amma: Kiedy lekarz usuwa u pacjenta nowotwór, uważasz to

---

[2] W oryginale wykorzystano grę słów: *'Be Patient Because You Are a Patient'*. *Patient* - pacjent, cierpliwy (przyp. tłum.).

za brak litości? Jeśli tak, to można powiedzieć, że Amma jest bezlitosna. Jednak Amma nie poruszy ego Swoich dzieci bez ich współpracy.

Rozmówca: W jaki sposób im pomagasz?

Amma: Amma pomaga Swoim uczniom dostrzec nowotworowe ego – wewnętrzne słabości i wszelkie negatywne cechy – oraz ułatwia im pozbycie się go. To jest prawdziwe współczucie.

Rozmówca: Czy uważasz ich za Swoich pacjentów?

Amma: Ważniejsze jest to, żeby to *oni* zdali sobie sprawę z tego, że nimi są.

Rozmówca: Ammo, co rozumiesz przez „współpracę ucznia"?

Amma: Wiarę i miłość.

Rozmówca: Ammo, mam głupie pytanie, ale nie mogę się powstrzymać. Wybacz, jeśli zabrzmi to niemądrze.

Amma: Pytaj śmiało.

Rozmówca: Jaki procent Twoich operacji kończy się sukcesem?

Amma roześmiała się głośno i łagodnie klepnęła Swego ucznia po głowie.

Amma (nadal się śmiejąc): Synu, udane operacje zdarzają się bardzo rzadko.

Rozmówca: Dlaczego?

Amma: Ponieważ ego nie pozwala większości ludzi na współpracę z lekarzem, co sprawia, że lekarz nie jest w stanie dobrze wykonać operacji.

Rozmówca (figlarnie): Lekarzem jesteś Ty, prawda?

Amma (po angielsku): Nie wiem.

Rozmówca: Dobrze, Ammo. Od czego zależy sukces takiej operacji?

Amma: Kiedy pacjent jest już na stole operacyjnym, jedyne, co może zrobić, to nie ruszać się, zaufać lekarzowi i całkowicie mu się powierzyć. W dzisiejszych czasach lekarze podają narkozę swoim pacjentom nawet przed drobnymi zabiegami. Nikt nie chce doświadczać bólu. Ludzie wolą być nieprzytomni niż świadomie przechodzić przez ból. Znieczulenie miejscowe lub ogólne sprawia, że pacjent jest nieświadomy zabiegu. Niemniej jednak, gdy Urzeczywistniony Mistrz pracuje nad tobą – twoim ego – woli robić to wtedy, kiedy jesteś w pełni świadomy. Operacja Boskiego Mistrza usuwa nowotworowe ego ucznia. Proces ten jest o wiele łatwiejszy, jeśli uczeń jest w stanie pozostać otwarty i świadomy.

Prawdziwe znaczenie dharmy

Rozmówca: Ludzie różnie interpretują termin *dharma*. Fakt, że jedno słowo posiada wiele definicji, wprowadza dezorientację. Jakie jest prawdziwe znaczenie *dharmy*, Ammo?

Amma: Prawdziwe znaczenie *dharmy* objawi się nam tylko wtedy, kiedy źródło i oparcie odnajdziemy w Bogu. Słowa nie są w stanie tego opisać, ani też nie można tego znaleźć w książkach.

Rozmówca: Mówisz teraz o najwyższej *dharmie*, nieprawdaż?

Jednak jak odkryć jej znaczenie, które stosowałoby się do życia codziennego?

Amma: Każdy z nas odkrywa je w toku swego życia, gdy przechodzi przez rozmaite doświadczenia. U niektórych następuje to szybko, wcześnie odkrywają właściwą drogę i sposób postępowania. U innych ten proces przebiega wolniej. Być może, będą musieli przejść przez okres prób i błędów, zanim dojdą do takiego momentu w życiu, kiedy będą gotowi na wykonywanie swojej *dharmy* w tym świecie. Nie oznacza to jednak, że wszystko, czego dokonali wcześniej, poszło na marne. Wręcz przeciwnie, jeśli pozostaną otwarci, nie tylko wzbogaci to ich doświadczenia, ale również będzie cenną nauką na przyszłość.

Rozmówca: Czy życie w rodzinie ze wszystkimi jego wyzwaniami i problemami może stanowić przeszkodę na drodze przebudzenia duchowego?

Amma: Nie, jeżeli głównym celem naszego życia jest Samourzeczywistnienie. Jeśli tak jest, to będziemy kształtować nasze myśli i czyny w sposób, który pomoże nam osiągnąć ten cel, prawda? Zawsze będziemy świadomi, dokąd tak naprawdę zmierzamy. Osoba w podróży może po drodze zatrzymać się kilka razy na herbatę czy posiłek, zawsze jednak wraca do samochodu. Nawet podczas krótkich przystanków pamięta, dokąd zmierza. Podobnie, w życiu możemy zatrzymać się wielokrotnie, aby załatwić różne sprawy. Nie wolno nam jednak zapomnieć o powrocie do pojazdu, którym poruszamy się po ścieżce duchowej, by pozostać w nim z zapiętymi pasami bezpieczeństwa.

Rozmówca: Z zapiętymi pasami bezpieczeństwa?

Amma: Tak. Gdy lecisz samolotem, dziury powietrzne mogą powodować turbulencje, co sprawia, że podróż bywa nieprzyjemna.

Wypadki zdarzają się również, kiedy podróżujemy drogą lądową. Zawsze więc lepiej być przezornym i przestrzegać zasad bezpieczeństwa. Podobnie, na drodze duchowej nie sposób uniknąć sytuacji powodujących umysłowe i emocjonalne zawirowania. Aby tego uniknąć, musimy słuchać *Satguru* i przestrzegać dyscypliny oraz nakazów i zakazów życiowych. W podróży duchowej to właśnie są pasy bezpieczeństwa.

Rozmówca: Zatem niezależnie od tego, jaki zawód wykonujemy, praca nie powinna odciągać naszej uwagi od najwyższej *dharmy*, którą jest urzeczywistnienie Boga. To właśnie sugerujesz, Ammo?

Amma: Tak. W tych spośród was, którzy pragną wieść życie w kontemplacji i medytacji, ogień tęsknoty powinien płonąć nieustannie.

Słowo *dharma* oznacza „ten, który podtrzymuje" – ten, który podtrzymuje życie i wszechistnienie, to *Atman* [Najwyższa Jaźń]. Mimo że *dharma* jest potocznie rozumiana jako „powinność" lub dziedzina, w jakiej człowiek powinien się realizować w świecie, ostatecznie odnosi się do Samourzeczywistnienia. W takim rozumieniu jedynie myśli i czyny, które wspierają nasz duchowy rozwój, można nazwać *dharmą*.

Czyny wykonywane w odpowiednim czasie, z właściwym nastawieniem i we właściwy sposób są *dharmiczne*. Poczucie, że postępujemy w prawy sposób, może pomóc w procesie oczyszczania umysłu. Niezależnie od tego, czy jesteś biznesmenem, taksówkarzem, rzeźnikiem czy policjantem, jeśli traktujesz tę pracę jako swoją *dharmę*, jako środek do uzyskania *mokszy* [wyzwolenia], wówczas to, co robisz, staje się uświęcone. W ten sposób *gopi* [pasterki] z *Wryndawanu*, które zarabiały na utrzymanie sprzedażą mleka i masła, tak bardzo zbliżyły się do Boga, że w końcu osiągnęły cel życia.

Miłość a miłość

Rozmówca: Ammo, jaka jest różnica między miłością a Miłością?

Amma: Różnica między miłością a Miłością jest jak różnica między ludźmi a Bogiem. Miłość jest boską naturą, zaś miłość – naturą ludzką.

Rozmówca: Przecież Miłość jest również prawdziwą naturą człowieka, czyż nie?

Amma: Tak, jeśli ją urzeczywistni.

Świadomość i obecność

Rozmówca: Ammo, czym jest Bóg?

Amma: Bóg jest czystą świadomością; Bóg jest czystą obecnością.

Rozmówca: Czy świadomość i obecność są tym samym?

Amma: Tak. Im bardziej jesteś świadomy, tym bardziej stajesz się obecny, i na odwrót.

Rozmówca: Jaka jest różnica pomiędzy materią a świadomością?

Amma: Jedno to strona zewnętrzna, a drugie wewnętrzna. Zewnętrzna strona to materia, zaś wewnętrzna – świadomość. To, co na zewnątrz, zmienia się nieustannie, natomiast mieszkający wewnątrz *Atman* pozostaje niezmienny. To właśnie obecność *Atmana* ożywia i oświeca wszystko. *Atman* jest samo-świetlny, a materia nie. Bez udziału świadomości nie można poznać materii. Kiedy jednak wzniesiesz się ponad wszelkie różnice, zobaczysz, że wszystko przenika czysta świadomość.

Rozmówca: „Ponad wszelkimi różnicami", „wszystko jest przeniknięte czystą świadomością" – Ammo, zawsze posługujesz się pięknymi przykładami. Czy mogłabyś przytoczyć jeden z nich, aby to zilustrować?

Amma (uśmiechając się): Tysiące pięknych przykładów nie powstrzymają umysłu przed ponownym zadawaniem tych samych pytań. Tylko czyste doświadczenie rozwieje wszelkie wątpliwości. Jednak jeśli dzięki przykładowi intelekt będzie usatysfakcjonowany – Amma się nie sprzeciwia.

Wyobraź sobie, że jesteś w lesie. Widzisz różne rodzaje drzew, pnącza i inne rośliny. Kiedy wyjdziesz z lasu i zaczniesz się od niego oddalać, patrząc wstecz, widzisz, jak różnorodność roślin stopniowo zanika, aż w końcu zaczynasz postrzegać wszystko jako jeden las. Podobnie będzie, kiedy wzniesiesz się ponad umysł. Znikną jego ograniczenia w postaci błahych pragnień oraz wszelkich różnic stworzonych przez poczucie „ja" i „ty". Wówczas zaczniesz doświadczać wszystkiego jako tej samej, jedynej Jaźni.

Odwieczne istnienie świadomości

Rozmówca: Czy jest jakiś przekonujący dowód na istnienie świadomości?

Amma: Twoje istnienie jest najbardziej przekonującym dowodem. Czy możesz zaprzeczyć własnemu istnieniu? Nie, ponieważ nawet twoja negacja jest potwierdzeniem tego, że istniejesz. Powiedzmy, że ktoś zapyta: „Hej, jesteś tam?", ty zaś odpowiesz: „Nie, nie ma mnie". Nawet odpowiedź przecząca jest wyraźnym dowodem tego, że jesteś. Nie musisz o tym przekonywać – wystarczy zaprzeczyć, i to jest dowodem. Dlatego istnienia *Atmana* nie można podawać w wątpliwość.

Rozmówca: Dlaczego więc tak trudno tego doświadczyć?

Amma: „To co jest" może być doświadczone jedynie wtedy, kiedy jesteśmy tego świadomi. W przeciwnym razie pozostaje dla nas nieznane, nawet jeżeli istnieje. Po prostu, nie zdajemy sobie sprawy z tego, że istnieje. Prawo grawitacji istniało, zanim zostało odkryte. Kamień rzucony w górę musi spaść w dół. Podobnie rzecz ma się ze świadomością. Ona jest zawsze w nas, teraz, w tym momencie, ale możemy nie zdawać sobie z tego sprawy. W rzeczywistości prawdziwa jest tylko chwila obecna. Jednak, aby tego doświadczyć, potrzebujemy nowego spojrzenia, nowych oczu, a nawet nowego ciała.

Rozmówca: Nowego ciała? Co przez to rozumiesz?

Amma: Nie oznacza to, że twoje ciało zniknie – będzie wyglądać tak samo, ale przejdzie subtelną przemianę, przeobrażenie. Ponieważ tylko wtedy będzie w stanie pomieścić stale rozszerzającą się świadomość.

Rozmówca: Jak mam rozumieć rozszerzającą się świadomość? *Upaniszady* opisują *Absolut* jako *purnam* [pełnia]. Głoszą one: *"Purnam adah purnam idam…"*, nie rozumiem więc, w jaki sposób doskonała już świadomość może nadal wzrastać?

Amma: To rzeczywiście prawda, pełna boska moc [*śakti*] bez wątpienia nie podlega żadnym zmianom. Aczkolwiek, na planie fizycznym czy opierając się na osobistym doświadczeniu, poszukiwacz duchowy doświadcza wzrostu świadomości. Mimo iż z punktu widzenia *Adwajta Wedanty* [odnoszącej się do hinduskiej filozofii duchowej nie-dwoistości] nie ma żadnej drogi duchowej, jednak dla jednostki tak zwana droga prowadząca ku doskonałości istnieje. Gdy już osiągniesz Cel, uświadomisz sobie również, że cały ten proces, włącznie z podróżą, nie miał miejsca, ponieważ od zawsze jesteś w tym stanie, nigdy poza nim. Zanim dojdzie do ostatecznego urzeczywistnienia, następuje rozszerzenie świadomości i obecności, w stopniu zależnym od postępów *sadhaki* [poszukiwacza duchowego].

Co się stanie, na przykład, kiedy zaczerpniemy wody ze studni? Poziom wody zostanie natychmiast uzupełniony przez podziemne źródło, które stale tę studnię zasila. Im więcej wody zaczerpniesz, tym więcej przybędzie ze źródła. Rzec by można, że wody w studni ciągle przybywa. Źródło nigdy się nie wyczerpuje. Studnia jest pełna i taka pozostaje, gdyż jest wiecznie połączona ze źródłem. Studnia nieustannie dąży do pełni, można powiedzieć, że stale się rozszerza.

Rozmówca (po chwili zamyślenia): To bardzo obrazowy przykład, lecz wciąż brzmi trochę niezrozumiale.

Amma: Amma wie, że umysł tego nie zrozumie. To, co najłatwiejsze, jest najtrudniejsze. To, co najprostsze, wydaje się niezwykle skomplikowane. To, co najbliższe, zdaje się być najbardziej oddalone. Dopóki nie urzeczywistnisz własnej Jaźni, pozostanie to zagadką. Dlatego *Ryszi* [starożytni mędrcy] określają *Atmana* jako „dalszego od najdalszych i bliższego od najbliższych".

Ciało ludzkie jest bardzo ograniczonym instrumentem – nie jest w stanie zawrzeć w sobie bezgranicznej świadomości. Niemniej, jak w przypadku studni, gdy podłączymy się do wiecznego źródła *śakti*, świadomość będzie w nas stale wzrastać. Kiedy już osiągniemy ostateczne *samadhi* [stan zatopienia się w Jaźni], połączenie między ciałem a umysłem oraz pomiędzy Bogiem a światem zacznie funkcjonować w doskonałej harmonii. Zatem nic takiego jak rozwój nie istnieje. Trwasz w jedności z bezkresnym oceanem świadomości.

Bez roszczeń

Rozmówca: Ammo, czy masz jakieś roszczenia?

Amma: Do czego?

Rozmówca: By uznawano, że jesteś inkarnacją Boskiej Matki lub w pełni Urzeczywistnionym Mistrzem.

Amma: Czy prezydent lub premier jakiegokolwiek kraju oznajmia wszystkim dookoła: „Wiecie, kim jestem? Jestem prezydentem, premierem"? Nie. On jest, kim jest. Nawet twierdzenie, że jest się *Awatarem* [zstąpieniem Boga w ludzkiej postaci] bądź Samourzeczywistnionym, świadczy o ego. Samo stwierdzenie, że jest się Inkarnacją lub Duszą Doskonałą, dowodzi, że się nią nie jest.

Doskonali Mistrzowie nie mają podobnych roszczeń. Swoją pokorą zawsze dają światu przykład. Musisz pamiętać, że poprzez Samourzeczywistnienie nie stajesz się kimś wyjątkowym. Stajesz się pokorny.

Aby stwierdzić, że jest się kimś, nie jest potrzebne Samourzeczywistnienie ani posiadanie jakichś szczególnych umiejętności – wystarczy wielkie ego i próżność. Tych właśnie cech Doskonały Mistrz nie posiada.

Znaczenie Mistrza na drodze duchowej

Rozmówca: Dlaczego rola *Guru* jest tak ważna na ścieżce duchowej?

Amma: Proszę, powiedz Ammie, czy istnieje jakakolwiek umiejętność, którą możemy posiąść bez pomocy nauczyciela lub mentora? Jeśli chcesz się nauczyć prowadzenia samochodu, musisz brać lekcje u doświadczonego kierowcy. Ktoś musi pokazać dziecku, jak zawiązywać sznurówki. A jak zrozumieć matematykę bez pomocy nauczyciela? Nawet złodziej kieszonkowy potrzebuje kogoś, kto odkryje przed nim tajniki tego fachu. Jeśli więc w życiu codziennym nauczyciele są niezbędni, to czy nie, tym bardziej, na drodze duchowej, która jest niezmiernie subtelna?

Jeśli wybierasz się w daleką podróż, potrzebna ci będzie mapa. Jednak niezależnie od tego, jak dobrze ją przestudiujesz, jadąc do obcego kraju, w nieznane miejsce, nie dowiesz się o nim niczego, zanim się tam nie znajdziesz. Mapa nie powie ci wiele o samej podróży, wybojach na drogach ani o czyhających tam niebez-pieczeństwach. Dlatego najlepiej jest skorzystać ze wskazówek kogoś, kto wcześniej sam tę drogę przebył, kto zna ją z własnego doświadczenia.

Co wiesz na temat ścieżki duchowej? To nieprzetarty szlak do zupełnie nieznanego świata. Być może dowiedziałeś się czegoś z książek lub od innych ludzi, lecz kiedy przyjdzie ci przebyć tę drogę osobiście, przewodnictwo *Satguru* będzie ci absolutnie niezbędne.

Uzdrawiający dotyk Ammy

Pewnego dnia koordynator europejskiego tournee Ammy przyprowadził do Niej młodą, zanoszącą się od płaczu kobietę. Zwracając się do mnie, mężczyzna powiedział: „Ona chciała podzielić się z Ammą swoim wielkim smutkiem". Ze łzami spływającymi po policzkach kobieta opowiedziała Ammie swoją historię. Kiedy miała zaledwie pięć lat, jej ojciec odszedł z domu. Jako mała dziewczynka często pytała matkę o ojca: „Dokąd odszedł? Gdzie jest teraz?". Ponieważ związek rodziców był nieudany, matka nie umiała powiedzieć o mężu niczego dobrego. Z upływem czasu zainteresowanie losami ojca w dziewczynie stopniowo przygasło.

Przed dwoma laty – 20 lat po zniknięciu ojca – zmarła jej matka. Przeglądając jej rzeczy osobiste, zaskoczona kobieta odkryła adres ojca w jednym ze starych pamiętników. Wkrótce udało jej się również uzyskać jego numer telefonu. Nie mogąc opanować wzruszenia, natychmiast zadzwoniła. Radość obojga nie miała granic. Rozmawiali długo i postanowili się spotkać. Uzgodnili, że w umówionym dniu ojciec przyjedzie do wsi, w której mieszkała. Los jednak okazał się nadzwyczaj okrutny i bezlitosny. W drodze na spotkanie z córką ojciec zginął w wypadku samochodowym.

Młoda kobieta była zrozpaczona. Wezwano ją do szpitala w celu identyfikacji zwłok, a następnie przekazano jej ciało ojca. Nietrudno sobie wyobrazić, jak musiała być zdruzgotana. Nie mogła się doczekać spotkania z ojcem, którego nie widziała od 20 lat, a zobaczyła jedynie jego zwłoki! Na domiar złego lekarze stwierdzili, iż przyczyną wypadku był atak serca, który prawdopodobnie nastąpił u ojca z przejęcia, że po tylu latach zobaczy wreszcie córkę.

Tego ranka, kiedy Amma ją przyjęła, byłem świadkiem jednego z najpiękniejszych i najbardziej wzruszających *darśanów*, jakie kiedykolwiek widziałem. Podczas gdy kobieta rzewnie łkała, Amma ocierała własne łzy spływające po Swych policzkach. Z matczyną czułością tuliła ją do Swego serca, ocierała jej łzy, całowała, powtarzając z troską: „Moja córko, moje dziecko, nie płacz!", czym sprawiła, że kobieta poczuła spokój i ulgę. Porozumiewały się między sobą niemalże bez słów. Obserwując tę sytuację z taką otwartością, na jaką było mnie stać, otrzymałem kolejną ważną lekcję: jak obecność Ammy koi ból i leczy rany serca. Kiedy kobieta odchodziła, widać w niej było wyraźną przemianę, ogromną ulgę i spokój. Zanim wyszła, zwracając się do mnie, rzekła: „Po spotkaniu z Ammą czuję się lekka jak motyl".

Amma nie używa wielu słów w tak bardzo poruszających sytuacjach, zwłaszcza gdy łączy się z innymi w smutku i bólu. Jedynie milczenie i głębokie współodczuwanie są w stanie odzwierciedlić cierpienie drugiego człowieka. W takich chwilach Amma, łącząc się w bólu ze Swoimi dziećmi, porozumiewa się spojrzeniem, wyrażając głęboką miłość, troskę oraz całkowite zaangażowanie.

Jak sama Amma mówi: „Ego nikogo nie uzdrowi. Wielka filozofia ubrana w piękne słowa wprowadzi tylko zamęt w ludzkich umysłach. Natomiast spojrzenie lub dotyk osoby pozbawionej ego z łatwością rozproszy mrok bólu i rozpaczy. To wiedzie do prawdziwego uzdrowienia".

Ból śmierci

Rozmówca: Ammo, dlaczego śmierci towarzyszy tyle lęku i bólu?

Amma: Powodem bólu i lęku przed śmiercią jest zbyt duże przywiązanie do własnego ciała oraz świata. Prawie każdy wierzy, że śmierć jest kompletnym unicestwieniem. Nikt nie chce odejść z tego świata i popaść w zapomnienie. Takie przywiązanie sprawia, że proces opuszczania ciała i świata może być bolesny.

Rozmówca: Czy umieranie stanie się bezbolesne, jeśli przezwyciężymy to przywiązanie?

Amma: Jeśli ktoś przezwycięży przywiązanie do własnego ciała, śmierć nie tylko będzie bezbolesna, lecz stanie się również błogim doświadczeniem. Możesz wtedy być świadkiem śmierci ciała. Brak przywiązania czyni umieranie doświadczeniem całkowicie odmiennym.

Większość ludzi umiera w straszliwym rozczarowaniu i frustracji. Trawieni głębokim żalem, przeżywają ostatnie chwile w niepokoju, cierpieniu i bezdennej rozpaczy. Dlaczego? Ponieważ nigdy się nie nauczyli, jak uwolnić się od nieistotnych marzeń, pragnień i wpływów przywiązania. Starość, szczególnie ostatnie dni życia takich ludzi, będzie gorsza niż piekło. Dlatego mądrość jest tak ważna.

Rozmówca: Czy pojawia się ona z wiekiem?

Amma: Tak się powszechnie uważa. Gdy już widzieliśmy wszystko i doświadczyliśmy wszystkiego na różnych etapach życia, mądrość powinna pojawić się naturalnie. Nie jest jednak łatwo osiągnąć taki poziom mądrości, szczególnie dziś, gdy ludzie stali się tak egocentryczni.

Rozmówca: Jakie cechy trzeba rozwinąć, aby osiągnąć taką mądrość?

Amma: Należy żyć w kontemplacji i medytacji. Dzięki temu będziemy zdolni do głębszego wglądu w różnorodne doświadczenia życiowe.

Rozmówca: Większość ludzi na świecie nie ma naturalnej skłonności do kontemplacji bądź medytacji. Czy zatem jest to dla nich praktyczne?

Amma: To zależy, jaką przywiązuje się do tego wagę. Należy pamiętać, że w przeszłości kontemplacja i medytacja były nieodłączną częścią życia. Dlatego tak wiele wtedy osiągnięto, mimo iż nauka i technologia nie były rozwinięte tak, jak obecnie. Owe zamierzchłe odkrycia stanowią podstawę tego, co robimy współcześnie.

W dzisiejszym świecie to, co najważniejsze, często jest nieakceptowane oraz traktowane jako „niepraktyczne". To jedna z cech *Kalijugi* – mrocznej epoki materializmu. Łatwo jest obudzić śpiącego, ale trudno obudzić kogoś, kto udaje, że śpi. Czy trzymanie lustra przed niewidomą osobą ma jakikolwiek sens? W obecnych czasach ludzie wolą nie widzieć Prawdy.

Rozmówca: Czym jest prawdziwa mądrość, Ammo?

Amma: Prawdziwa mądrość jest tym, co sprawia, że życie staje się proste i piękne. To prawidłowe rozumienie, które osiągamy dzięki *właściwemu rozróżnianiu*. Gdy ktoś naprawdę przyswoi sobie tę cechę, wówczas jego myśli i czyny to odzwierciedlą.

Ludzkość dziś

Rozmówca: Jaki jest duchowy stan ludzkości w obecnych czasach?

Amma: Ogólnie biorąc, na całym świecie następuje powszechne przebudzenie duchowe. Niewątpliwie, ludzie stają się coraz bardziej świadomi potrzeby duchowego sposobu życia. Mimo iż nie łączą ich bezpośrednio z duchowością, filozofia New Age, joga i medytacja nigdy nie były popularne na Zachodzie tak, jak obecnie. W wielu krajach praktykowanie jogi i medytacji stało się modne, szczególnie w wyższych warstwach społecznych. Nawet ateiści akceptują podstawową ideę życia w harmonii z Naturą, opartego o wartości duchowe. Wszędzie można dostrzec głębokie pragnienie duchowości oraz pilną potrzebę zmian. Bez wątpienia, jest to pozytywny znak.

Z drugiej strony, wpływ materializmu oraz przyjemności życia doczesnego wzrastają w niekontrolowany sposób. Jeśli nic się nie zmieni, to nastąpi poważne zachwianie równowagi. W sferze przyjemności materialnych ludzie nie kierują się zdrowym rozsądkiem. Ich podejście bywa nieroztropne i szkodliwe.

Rozmówca: Czy jest coś nowego lub szczególnego w obecnej epoce?

Amma: Można powiedzieć, że każdy moment jest szczególny. Jednak obecna epoka jest wyjątkowa, gdyż prawie sięgnęliśmy kolejnego szczytu ludzkiej egzystencji.

Rozmówca: Naprawdę? O jaki szczyt chodzi?

Amma: Szczyt ego, ciemności i samolubstwa.

Rozmówca: Czy mogłabyś rozwinąć ten temat, Ammo?

Amma: Według starożytnych mędrców *Ryszich*, istnieją cztery epoki: *Satjajuga, Tretajuga, Dwaparajuga i Kalijuga*. Współcześnie żyjemy w *Kalijudze*, mrocznej epoce materializmu. *Satjajuga* – pierwsza epoka – była okresem prawdy i prawości. Minęły dwie kolejne epoki: *Treta* i *Dwaparajuga*, i ludzkość znalazła się w ostatniej – *Kalijudze* – której kulminacyjnym momentem będzie przejście do następnej *Satjajugi*. Jednak podczas *Treta* i *Dwaparajugi* utraciliśmy wiele pięknych wartości, takich jak prawda, współczucie i miłość. Epoka prawdy i prawości była szczytowym okresem. W środkowych epokach – *Treta* i *Dwaparajudze* – nadal utrzymywaliśmy namiastkę *dharmy* [prawości] i *satji* [prawdy]. Obecnie sięgnęliśmy kolejnego szczytu, skrajnej *adharmy* [nieprawości] i *asatji* [fałszu]. Tylko lekcja pokory pomoże ludziom uświadomić sobie mrok, w jakim są pogrążeni. To przygotuje nas do wspięcia się na szczyt światła i prawości. Módlmy się i bądźmy pełni nadziei, że ludzie wszystkich wyznań i kultur na całym świecie przyswoją sobie tę lekcję, gdyż jest to koniecznością naszych czasów.

Droga na skróty do Samourzeczywistnienia

Rozmówca: W dzisiejszych czasach ludzie próbują osiągać wszystko drogą „na skróty". Czy istnieje droga na skróty do Samourzeczywistnienia?

Amma: To tak, jakbyś zapytał, „Czy istnieje droga na skróty do mnie samego?". Samourzeczywistnienie jest ścieżką wiodącą do twojej Jaźni. To proste jak zapalenie światła. Jednak należy wiedzieć, który przycisk nacisnąć i w jaki sposób to zrobić. Ten przycisk jest ukryty w twoim wnętrzu. Nie sposób go znaleźć na zewnątrz. Właśnie dlatego potrzebujesz pomocy Mistrza Duchowego.

Drzwi są zawsze otwarte. Musisz tylko przekroczyć próg.

Postępy w rozwoju duchowym

Rozmówca: Ammo, medytuję już od wielu lat, ale wydaje mi się, że nie robię znaczących postępów. Może popełniam jakieś błędy. Czy uważasz, że wykonuję odpowiednie praktyki duchowe?

Amma: Przede wszystkim, dlaczego uważasz, że nie robisz postępów. Jakie jest twoje kryterium postępu w rozwoju duchowym?

Rozmówca: Nie miałem dotychczas żadnych wizji.

Amma: A jakiego rodzaju wizji oczekujesz?

Rozmówca: Nigdy nie widziałem boskiego, błękitnego światła.

Amma: Skąd pomysł, że masz zobaczyć błękitne światło?

Rozmówca: Powiedział mi jeden z kolegów. Czytałem również o tym w książkach.

Amma: Synu, nie miej zbędnych koncepcji na temat *sadhany* [praktyk duchowych] i rozwoju duchowego. Właśnie w tym tkwi błąd. Wyobrażenia o duchowości same w sobie mogą stać się przeszkodą na twojej drodze. Twoja *sadhana* jest właściwa, lecz masz do niej błędne podejście. Czekasz na błękitne boskie światło. Zadziwiające jest to, że nie masz absolutnie pojęcia, czym jest boskie światło, a jednak uważasz, że jest błękitne. Kto wie, może już ci się ukazało, ale ty czekałeś na błękitne. Być może boskość postanowiła ukazać ci się jako czerwone lub zielone światło? Mogłeś jej nie rozpoznać.

Kiedyś jeden z uczniów powiedział Ammie, że podczas medytacji oczekuje na ukazanie się zielonego światła. Amma poradziła mu wtedy, by uważał podczas jazdy samochodem, gdyż może przejechać na czerwonym świetle, biorąc je za zielone. Tego typu koncepcje na temat duchowości są naprawdę niebezpieczne.

Synu, doświadczanie spokoju niezależnie od okoliczności jest celem wszystkich duchowych praktyk. Wszystko inne – światło, dźwięk czy forma – pojawi się i zniknie. Nawet jeśli ukażą ci się jakieś wizje, będą tymczasowe. Jedynym stałym doznaniem jest całkowity spokój. Ten spokój oraz zrównoważony umysł są prawdziwymi owocami życia duchowego.

Rozmówca: Ammo, ale czy pragnienie takich doświadczeń jest błędem?

Amma: Amma nie powiedziałaby, że to błąd. Jednak nie przywiązuj do tego tak wielkiej wagi, gdyż może to spowolnić twój rozwój duchowy. Jeśli takie doświadczenia pojawią się, dobrze, niech będą – oto właściwe podejście.

W początkowych stadiach życia duchowego uczeń ma zazwyczaj wiele błędnych przekonań i wyobrażeń o duchowości, co wynika z nadmiernej ekscytacji oraz ograniczonej świadomości. Niektórzy, na przykład, szaleją na punkcie wizji *bogów i bogiń*. Inni pragną widzieć różne kolory. Dla wielu atrakcją są piękne dźwięki. Iluż ludzi marnuje całe życie w pogoni za *siddhi* [mocami jogicznymi]! Są też tacy, którzy gorliwie pragną osiągnąć stan natychmiastowego *samadhi* czy *mokszy*. Ludzie nasłuchali się również wiele o przebudzeniu *kundalini* [energii duchowej drzemiącej u podstawy kręgosłupa]. Szczery poszukiwacz duchowy nie będzie ulegał takim obsesjom.

Podobne koncepcje niewątpliwie mogą spowolnić nasz

rozwój duchowy. Właśnie dlatego ważne jest od samego początku poprawne zrozumienie oraz zdrowe i inteligentne podejście do naszego życia duchowego. Bezkrytyczne słuchanie każdego, kto twierdzi, że jest Mistrzem, oraz brak selekcji w wyborze książek wprowadzają jedynie zamęt w umyśle.

Umysł Samourzeczywistnionej Duszy

Rozmówca: Jaki jest umysł Samourzeczywistnionej Duszy?

Amma: Jest to umysł bez myśli.

Rozmówca: Czyli stan bez-umysłu.

Amma: Jest to bezkres.

Rozmówca: Przecież Urzeczywistnione Dusze funkcjonują również w relacji ze światem. Jak jest to możliwe bez umysłu?

Amma: Oczywiście, „używają" one umysłu w kontakcie ze

światem. Istnieje jednak wielka różnica pomiędzy zwykłym ludzkim umysłem, pełnym rozmaitych myśli, a umysłem *Mahatmy* [Wielkiej Duszy]. *Mahatmowie* używają umysłu, podczas gdy nasze umysły używają nas. Przejawiając istotę serca, są spontaniczni i naturalni, a nie wyrachowani. Osoba, która nadmiernie utożsamia się z umysłem, nie potrafi być spontaniczna.

Rozmówca: Większość ludzi utożsamia się z umysłem. Czy chcesz przez to powiedzieć, że wszyscy oni są wyrachowani?

Amma: Nie, jest wiele sytuacji, w których ludzie utożsamiają się z sercem i jego pozytywnymi uczuciami. Kiedy ludzie są życzliwi, współczujący i troskliwi wobec innych, przebywają bardziej w sercu niż w umyśle. Czy jednak zawsze są w stanie tak się zachowywać? Nie, ludzie częściej utożsamiają się z umysłem. To właśnie Amma miała na myśli.

Rozmówca: Jeśli umiejętność osiągnięcia doskonałej harmonii z pozytywnymi uczuciami serca drzemie w każdym z nas, to dlaczego nie ujawnia się ona częściej?

Amma: Dlatego, że w waszym obecnym stanie umysł odgrywa bardziej dominującą rolę. Aby dostroić się do pozytywnych uczuć serca, należy wzmocnić połączenie z ciszą duchowego serca i osłabić połączenie z zakłóceniami hałaśliwego umysłu.

Rozmówca: Co pozwala człowiekowi na większą spontaniczność i otwartość?

Amma: Mniejszy wpływ ego.

Rozmówca: Co się stanie, gdy wpływ ego się zmniejszy?

Amma: Ogarnie cię wielka tęsknota wypływająca z głębi duszy.

Mimo iż przygotowałeś grunt, aby to się stało, kiedy to rzeczy-wiście nastąpi, nie będzie miejsca na żadne wyrachowane posu-nięcia czy wysiłek. Czegokolwiek się wówczas podejmiesz, stanie się piękne i spełniające oraz przyciągnie ku tobie innych. Takie chwile są wyraźnymi ekspresjami serca. Jesteś wtedy bliżej swojej prawdziwej istoty.

W rzeczywistości, te momenty pochodzą spoza umysłu i inte-lektu. Następuje nagłe zestrojenie z Nieskończonością i połączenie ze źródłem kosmicznej energii.

Doskonali Mistrzowie nieprzerwanie trwają w tym sponta-nicznym stanie i stwarzają możliwości wejścia w niego innym ludziom.

Odległość dzieląca nas od Ammy

Rozmówczyni: Jaka odległość dzieli nas od Ciebie, Ammo?

Amma: Żadna i zarazem nieskończona.

Rozmówczyni: Żadna i nieskończona?

Amma: Tak, pomiędzy wami a Ammą nie istnieje żadna odległość, ale jednocześnie odległość ta jest nieskończona.

Rozmówczyni: Ale to sprzeczność.

Amma: Ograniczenia umysłu sprawiają, że jedno zaprzecza drugiemu, i to się nie zmieni, dopóki nie osiągniesz stanu ostatecznego urzeczywistnienia. Żadne wyjaśnienie, niezależnie od tego, jak inteligentnie czy logicznie brzmiące, nie usunie tej sprzeczności.

Rozmówczyni: Zdaję sobie sprawę z ograniczeń mojego umysłu. Nadal jednak nie rozumiem, dlaczego jest to tak paradoksalne i dwuznaczne. Jakim sposobem odległości nie ma i zarazem jest nieskończona?

Amma: Przede wszystkim, córko, nie zdajesz sobie sprawy z ograniczeń swojego umysłu. Żeby w pełni uzmysłowić sobie małość umysłu, należy prawdziwie pojąć wielkość Boga. Umysł jest olbrzymim ciężarem. Uświadomisz sobie bezsens dźwigania tego ogromnego brzemienia zwanego umysłem, gdy nadejdzie prawdziwe zrozumienie. Nie będziesz go w stanie dłużej dźwigać. Ta świadomość pomoże ci zrzucić z siebie ów ciężar.

Córko, tak długo, jak pozostaniesz nieświadoma swojej wewnętrznej boskości, odległość między nami będzie nieskończona. Jednak w momencie oświecenia zdasz sobie sprawę, że nigdy nie dzieliła nas żadna odległość.

Rozmówczyni: Intelekt nie jest w stanie pojąć tego procesu.

Amma: Twoje stwierdzenie to dobry znak, córko. Przynajmniej zgadzasz się z tym, że intelekt nie jest w stanie zrozumieć tego, co nazywasz procesem.

Rozmówczyni: To znaczy, że żaden proces nie istnieje?

Amma: Dokładnie. Czy ktoś, kto urodził się niewidomy, wie, co to jest światło? Nie, niestety, zna tylko ciemność. Jego świat jest całkowicie odmienny od świata tych, którzy posiadają dar widzenia.

Powiedzmy, że lekarz mu poradzi: „Jeśli poddasz się operacji, możesz odzyskać wzrok. Zabieg jest konieczny".

Jeżeli pacjent zdecyduje się na zaleconą mu przez lekarza operację, ciemność wkrótce ustąpi i pojawi się światło. Skąd pochodzi to światło – z zewnątrz? Nie, zdolność widzenia zawsze była w tym człowieku. Podobnie jest z tobą. Gdy dzięki duchowym praktykom ulepszysz swój wewnętrzny wzrok, oczekujące na odkrycie światło czystej wiedzy rozbłyśnie w twoim wnętrzu.

Sposoby Ammy

S posoby postępowania Ammy są jedyne w swoim rodzaju. Lekcje, których niespodziewanie udziela, są zawsze wyjątkowe.

Pewnego razu, podczas porannego *darśanu*, uczestniczka odosobnienia [z ang. *retreat*] przyprowadziła niezarejestrowaną wcześniej kobietę. Kiedy zauważyłem nową osobę, powiedziałem o tym Ammie. Ona jednak kompletnie mnie zignorowała i kontynuowała *darśan*.

Pomyślałem: „W porządku, Amma jest zajęta, będę miał zatem na oku nieproszonego gościa". Przez kilka następnych minut, mimo iż moją główną *sewą* [bezinteresowną służbą] było tłumaczenie pytań do Ammy, jako dodatkowe zadanie obrałem sobie uważną obserwację każdego ruchu niezarejestrowanej kobiety. Ta trzymała się blisko osoby, która ją przyprowadziła, toteż bacznie podążałem za nimi wzrokiem. Jednocześnie na bieżąco informowałem Ammę o tym, gdzie są i co robią. Chociaż Amma mnie nie słuchała, uważałem to za swój obowiązek.

Gdy obie kobiety dołączyły do kolejki dla osób uprawnionych do pierwszeństwa, z wielkim entuzjazmem doniosłem o tym Ammie. Amma jednak kontynuowała udzielanie *darśanu*.

W pewnej chwili podeszło do mnie dwóch uczniów. Wskazując na „intruza", jeden z nich powiedział: „Widzisz tę kobietę? Jest jakaś dziwna. Słyszałem, co mówiła – jest bardzo negatywnie nastawiona. Myślę, że nie powinniśmy pozwolić jej tu zostać".

Drugi z nich z powagą w głosie dodał: „Zapytaj Ammę, co mamy z nią zrobić – wyprosić ją stąd?".

Po wielu próbach z mojej strony Amma w końcu zwróciła na mnie uwagę, uniosła głowę i zapytała: „Gdzie ona jest?".

Cała nasza trójka była uradowana. Myśleliśmy, przynajmniej ja miałem taką nadzieję, że Amma za chwilę wypowie długo wyczekiwane przez nas słowa: „Wyrzućcie ją stąd".

W odpowiedzi wszyscy jednocześnie wskazaliśmy miejsce, gdzie owa nieznajoma siedziała. Amma spojrzała na nią, a my nie mogliśmy się doczekać padającego z Jej ust wyroku. Odwróciwszy się do nas, rzekła: „Zawołajcie ją". Usiłując ją wezwać, omalże nie potknęliśmy się jeden o drugiego.

Gdy tylko kobieta się zbliżyła, Amma wyciągnęła ku niej ręce i z życzliwym uśmiechem rzekła: „Podejdź, moja córko". Kobieta spontanicznie padła w ramiona Ammy. Byliśmy wówczas świadkami jednego z najpiękniejszych *darśanów*. Amma czule tuliła kobietę do piersi i łagodnie gładziła ją po plecach. Obejmując dłońmi jej twarz, patrzyła jej głęboko w oczy. Po policzkach kobiety spływały łzy, a Amma z czułością wycierała je dłońmi. Poruszeni, moi dwaj „koledzy" i ja staliśmy za fotelem Ammy, nie mogąc powstrzymać łez.

Gdy kobieta odeszła, Amma spojrzała na mnie z uśmiechem i powiedziała: „Zmarnowałeś tyle energii dzisiejszego ranka".

Pełen podziwu, patrzyłem na drobną sylwetkę Ammy, gdy nieprzerwanie obdarowywała Swoje dzieci błogością i błogosławieństwami. Ciągle oniemiały, przypomniałem sobie wtedy Jej piękne słowa: „Amma jest jak rzeka – po prostu płynie. Niektórzy się w niej kąpią. Inni zaspokajają pragnienie, pijąc z niej wodę. Są ludzie, którzy przychodzą w niej popływać i cieszyć jej nurtem. A są też tacy, którzy do niej plują. Bez względu na okoliczności, rzeka nieporuszona płynie dalej, przyjmując i ogarniając wszystko, co zanurza się w jej toni".

Po raz kolejny przeżyłem niesamowitą chwilę u boku Ammy – Najwyższego Mistrza.

Nie ma nowej prawdy

Rozmówca: Ammo, czy uważasz, że potrzebna jest nowa prawda, która przebudzi ludzkość?

Amma: Ludzkość nie potrzebuje nowej prawdy. Jest konieczne, by dostrzegła Prawdę już istniejącą. Jest tylko jedna Prawda. Ta prawda nieustannie lśni w każdym z nas. Ta jedna, jedyna Prawda nie może być ani nowa, ani stara. Jest zawsze taka sama, niezmienna, wiecznie żywa i aktualna. Żądanie nowej Prawdy jest podobne do życzenia przedszkolaka, który zwraca się do nauczycielki: „Proszę pani, od dawna mówi nam pani, że 2+2 to 4. To już nudne. Nie mogłaby pani powiedzieć czegoś nowego, na przykład, że wynik wynosi 'pięć'?". Prawdy nie można zmienić – istnieje od zawsze i jest wiecznie taka sama.

W bieżącym tysiącleciu będziemy świadkami wielkiego duchowego przebudzenia, zarówno na Wschodzie, jak i na Zachodzie. To jest naprawdę ogromną potrzebą naszych czasów. Wzrost poziomu wiedzy naukowej, zdobytej przez ludzkość, musi w rezultacie doprowadzić nas do Boga.

Prawda

Rozmówczyni: Czym jest Prawda, Ammo?

Amma: Tym, co jest wieczne i niezmienne.

Rozmówczyni: Czy prawdomówność jest Prawdą?

Amma: Prawdomówność jest jedynie cechą, a nie Prawdą – Ostateczną Rzeczywistością.

Rozmówczyni: Czyż ta cecha nie jest częścią Prawdy – Ostatecznej Rzeczywistości?

Amma: Owszem. Skoro wszystko jest częścią Prawdy – Ostatecznej Rzeczywistości – prawdomówność także nią jest.

Rozmówczyni: Jeżeli wszystko jest częścią Ostatecznej Rzeczywistości, to nie tylko dobre, ale również złe cechy stanowią jej część, prawda?

Amma: Tak, córko, ale jesteś wciąż na ziemi i nie wzniosłaś się jeszcze do tych wyżyn.

Załóżmy, że po raz pierwszy w życiu wybierasz się w podróż samolotem. Dopóki nie wejdziesz na pokład, nie będziesz mieć najmniejszego pojęcia o locie. Rozglądasz się wokół siebie, widzisz ludzi rozmawiających i krzyczących. Widzisz budynki, drzewa, pojazdy w ruchu, słyszysz płacz dziecka itd. Po jakimś czasie wsiadasz na pokład samolotu. Samolot startuje i wzbija się coraz wyżej i wyżej. Patrząc przez okno, obserwujesz, jak wszystko staje się coraz mniejsze, stopniowo zlewając się w jedną całość. W końcu wszystko znika i otacza cię rozległa przestrzeń.

Podobnie jest z tobą, dziecko – nadal jesteś na ziemi i jeszcze nie weszłaś na pokład samolotu. Musisz akceptować, przyswajać i wprowadzać w życie to, co dobre, a złe odrzucać. Dopiero po osiągnięciu szczytu urzeczywistnienia będziesz doświadczać wszystkiego jako Jedności.

Porada w kilku słowach

Rozmówca: Czy mógłabyś poradzić mi w kilku słowach, jak osiągnąć spokój ducha, Ammo?

Amma: Trwały czy chwilowy?

Rozmówca: Trwały, oczywiście.

Amma: Odkryj swoją *Jaźń*.

Rozmówca: To zbyt trudno zrozumieć.

Amma: W takim razie, kochaj wszystkich.

Rozmówca: To są dwie różne odpowiedzi?

Amma: Nie, różne są tylko słowa. Odnalezienie własnej Jaźni i miłowanie wszystkich jednakowo są w zasadzie tym samym – są wzajemnie zależne. (Śmiejąc się) Synu, to już więcej niż kilka słów.

Rozmówca: Wybacz, Ammo, jestem głupi.

Amma: Nie przejmuj się – nic się nie stało. Czy chciałbyś kontynuować?

Rozmówca: Tak, Ammo. Czy spokój, miłość i prawdziwe szczęście rozwijają się równolegle z naszą *sadhaną*? Czy są jedynie jej końcowym rezultatem?

Amma: Jedno i drugie. Jednak tylko wówczas, kiedy odnajdziemy naszą Wewnętrzną Jaźń, krąg się zatoczy i pojawi się niezmącony spokój.

Rozmówca: Co rozumiesz przez „krąg"?

Amma: Krąg, czyli dopełnienie naszego wewnętrznego i zewnętrznego istnienia, stan doskonałości.

Rozmówca: Święte pisma głoszą, że nasz stan istnienia jest już pełny niczym koło. Skoro tak, to dlaczego trzeba go uzupełniać?

Amma: Tak, oczywiście. Większość ludzi jednak nie zdaje sobie z tego sprawy – doświadcza luki, którą należy wypełnić. Dlatego każdy człowiek miota się to tu, to tam, usiłując wypełnić tę lukę różnorodnymi potrzebami, wymaganiami czy pragnieniami.

Rozmówca: Ammo, słyszałem, że w stanie najwyższego urzeczywistnienia nie istnieje nic takiego, jak istnienie wewnętrzne i zewnętrzne.

Amma: Tak, ale doświadczają tego tylko ci, którzy są w tym stanie utwierdzeni.

Rozmówca: Czy zrozumienie tego stanu za pomocą intelektu może być pomocne?

Amma: Pomocne w czym?

Rozmówca: W doznaniu choćby przebłysku tego stanu?

Amma: Nie, zrozumienie za pomocą intelektu zaspokoi jedynie intelekt, w dodatku tylko tymczasowo. Może ci się wydawać, że zrozumiałeś, lecz wkrótce znowu pojawią się pytania i wątpliwości. Twoje zrozumienie opiera się wyłącznie na słowach i interpretacjach, które w swej naturze są ograniczone; nie zaznasz nieskończoności, opierając się na nich.

Rozmówca: Co jest zatem najlepszym sposobem?

Amma: Pracuj wytrwale, aż nadejdzie oddanie.

Rozmówca: Co rozumiesz przez zalecenie „pracuj wytrwale"?

Amma: Cierpliwe wykonywanie *tapasji* [ascezy]. Jedynie praktykowanie *tapasji* umożliwi ci trwanie w chwili obecnej.

Rozmówca: Czy *tapasja* polega na siedzeniu godzinami w medytacji?

Amma: To tylko jej część. Prawdziwą *tapasją* jest realizowanie wszystkich działań i myśli w sposób, który pomoże nam zjednoczyć się z Bogiem bądź Jaźnią.

Rozmówca: Co to dokładnie znaczy?

Amma: Jest to życie poświęcone urzeczywistnieniu Boga.

Rozmówca: Trochę to dla mnie niejasne.

Amma (uśmiechając się): Nie tylko trochę – nawet bardzo.

Rozmówca: Masz rację, ale dlaczego tak jest?

Amma: Za dużo myślisz o duchowości i o stanie poza umysłem. Przestań tyle myśleć i spożytkuj tę energię najlepiej jak potrafisz. Dzięki temu doświadczysz lub przynajmniej doznasz przebłysku tej Rzeczywistości.

Potrzeba zaplanowania czasu

Rozmówczyni: Twierdzisz, Ammo, że niezbędna jest codzienna dyscyplina, coś w rodzaju harmonogramu dnia, którego, w miarę możliwości, należy się ściśle trzymać. Jestem matką niemowlęcia – co mam robić, gdy dziecko zacznie płakać akurat wtedy, kiedy mam zamiar medytować?

Amma: To proste. Najpierw zajmij się dzieckiem, a potem medytuj. Jeśli zaczniesz medytować, nie zwracając uwagi na dziecko, będziesz medytować nad dzieckiem, a nie nad Jaźnią czy Bogiem.

Przestrzeganie harmonogramu codziennych zajęć jest z pewnością pomocne na początkowym etapie. Prawdziwy *sadhaka* powinien również panować nad sobą przez cały czas, dzień i noc.

Niektórzy ludzie mają zwyczaj picia porannej kawy. Gdy zdarza im się nie wypić kawy o zwykłej porze, ogarnia ich niepokój. Może im to nawet zepsuć cały dzień, powodując zatwardzenie, bóle żołądka lub migrenę. Podobnie jest z medytacją, modlitwą i powtarzaniem *mantr* – trzeba, by stały się nieodłączną częścią życia *sadhaki*. Jeśli zdarzy ci się opuścić praktykę, powinnaś to odczuć bardzo głęboko, by zrodziło się w tobie pragnienie, aby nigdy już tego nie zaniedbać.

Własny wysiłek

Rozmówca: Niektórzy twierdzą, że praktyki duchowe nie są nam potrzebne, skoro naszą prawdziwą naturą jest *Atman*. Mówią oni: *„Jestem Tym*, Absolutną Świadomością, po co mi więc *sadhana*, skoro jestem Tym?"*. Czy sądzisz, że tacy ludzie są wiarygodni?

Amma: Amma nie chce wypowiadać się na temat ich wiarygodności. Jednak Amma odczuwa, że tacy ludzie tylko stwarzają pozory albo oszukują samych siebie lub są po prostu leniwi. Amma jest ciekawa, czy równie chętnie powiedzieliby: „Nie potrzebuję jedzenia ani picia, gdyż nie utożsamiam się z własnym ciałem"?
   Przypuśćmy, że zostali zaproszeni do restauracji z pięknie

zastawionym stołem, na którym zamiast wystawnych dań figurują jedynie kartki z napisem „ryż", „warzywa na parze", „budyń" itd. Czy będą skłonni wyobrazić sobie, że najedli się do syta i ich głód został całkowicie zaspokojony?

W nasieniu ukryte jest drzewo. A co będzie, jeśli nasionko egoistycznie stwierdzi: „Nie będę kłaniać się ziemi – przecież jestem drzewem, nie muszę wchodzić w tę brudną glebę"? Z taką postawą nasionko po prostu nie wykiełkuje i nigdy nie stanie się drzewem dającym innym owoce i cień. To, że ono myśli, że jest drzewem, niczego nie zmieni – pozostanie jedynie nasieniem. Bądź więc takim ziarnem, które zechce upaść i wniknąć w glebę, a o resztę zatroszczy się ziemia.

Łaska

Rozmówca: Czy łaska jest czymś ostatecznie decydującym, Ammo?

Amma: Łaska jest czynnikiem, który przynosi właściwy rezultat we właściwym czasie, wprost proporcjonalnie do twoich czynów.

Rozmówca: A jeśli ktoś w pełni odda się swojej pracy, to czy i tak końcowy efekt będzie zależeć od łaski?

Amma: Pełne zaangażowanie jest najbardziej istotne. Im pełniej się czemuś oddasz, tym bardziej pozostaniesz otwarty. Im bardziej będziesz otwarty, tym więcej miłości poczujesz. Im więcej w tobie miłości, tym więcej łaski doświadczysz.

Łaska to otwartość. To siła duchowa i intuicyjny wgląd, którego możesz doświadczyć, wykonując daną czynność. Pozostając otwartym na określoną sytuację, wyzbywasz się ego i ograniczonych poglądów. Dzięki temu twój umysł staje się lepszym kanałem, przez który może płynąć *śakti*. Przepływ *śakti* i jej przejawianie się w naszych działaniach jest łaską.

Ktoś może być świetnym śpiewakiem. Jednak podczas występu powinien poddać się mocy [*śakti*] muzyki. Wówczas spływająca nań łaska pomoże mu porwać publiczność.

Rozmówca: Gdzie znajduje się źródło łaski?

Amma: Prawdziwe źródło łaski znajduje się wewnątrz nas. Jednak dopóki nie zdamy sobie z tego sprawy, wydawać się nam będzie, że jest ono gdzieś daleko poza nami.

Rozmówca: Daleko poza nami?

Amma: Daleko poza nami, to znaczy, w obszarze, który jest nieznany obecnemu stanowi twojego umysłu. Wokalista śpiewający z serca jest w kontakcie z tym obszarem, z boskością. Skąd wypływa ta do głębi poruszająca muzyka? Mógłbyś powiedzieć, że z krtani albo z serca. Ale gdy zajrzysz do środka, to czy ją tam zobaczysz? Nie, gdyż pochodzi ona z niezgłębionego przez nas obszaru. Tym źródłem niewątpliwie jest boskość. Gdy nadejdzie ostateczny stan urzeczywistnienia, odnajdziesz to źródło w głębi siebie.

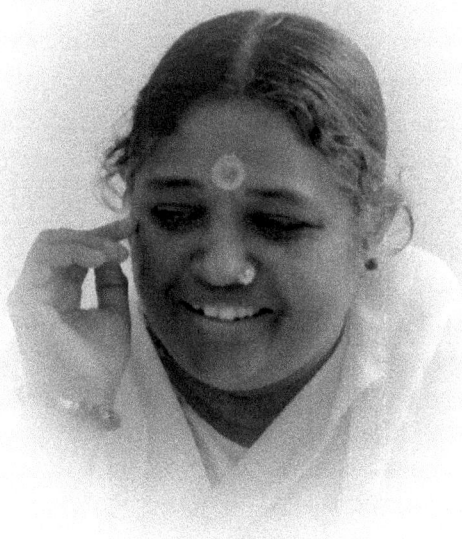

Sannjasa: poza wszelkimi kategoriami

Rozmówca: Co to znaczy być prawdziwym *sannjasinem*?

Amma: Prawdziwy *sannjasin* to ktoś, kto przezwyciężył wszystkie ograniczenia wykreowane przez umysł. W naszym obecnym stanie jesteśmy zahipnotyzowani przez umysł, w stanie *sannjasy* uwalniamy się całkowicie od mocy tej hipnozy. Będziemy jak zbudzeni ze snu –niczym pijany, który wytrzeźwiał.

Rozmówca: Czy *sannjasa* także prowadzi do boskości?

Amma: Amma ujęłaby to w ten sposób: *sannjasa* to stan, w którym postrzega się i wielbi całe stworzenie jako Boga.

Rozmówca: Czy pokora jest oznaką prawdziwego *sannjasina*?

Amma: Prawdziwych *sannjasinów* nie da się zaszufladkować – są poza wszelkimi kategoriami. Jeśli dana osoba jest prostoduszna i pokorna, to jest w niej „ktoś", kto ma poczucie prostoduszności czy pokory. W stanie *sannjasy* ten „ktoś", czyli ego, znika. Zwykle pokora jest postrzegana jako przeciwieństwo arogancji, a miłość jako przeciwieństwo nienawiści. Prawdziwy *sannjasin* nie jest ani pokorny ani arogancki – nie jest ani miłością, ani nienawiścią. Ktoś, kto osiągnął stan *sannjasy*, jest ponad wszystkim – nie ma nic do stracenia ani nic do zyskania. Kiedy mówimy o autentycznym *sannjasinie* „pokorny", oznacza to nie tylko brak arogancji, lecz również brak ego.

„Kim jesteś?" – zapytano kiedyś *Mahatmę*.

„Nie jestem" – odpowiedział.

„Jesteś Bogiem?".

„Nie".

„Jesteś świętym lub mędrcem?".

„Nie".

„Jesteś ateistą?".

„Nie".

„Kim więc jesteś?".

„Jestem Tym, który jest. Jestem czystą świadomością".

Sannjasa to stan czystej świadomości.

Boski spektakl w przestworzach

Scena I: Samolot Air India właśnie wystartował do Dubaju. Obsługa przygotowuje się do podawania napojów. Nagle wszyscy pasażerowie po kolei wstają z miejsc i jak w procesji przemieszczają się w kierunku pierwszej klasy. Nie rozumiejąc zachowania pasażerów, przestraszona załoga prosi wszystkich o powrót na miejsca. Nie odnosi to jednak skutku, wobec czego członkowie załogi proszą o dostosowanie się do ich prośby przynajmniej do chwili zakończenia wydawania posiłku.

„Chcemy dostać *darśan* od Ammy!" – wołają pasażerowie.

„Rozumiemy – odpowiada załoga – prosimy jednak o cierpliwość, aż skończymy was obsługiwać".

Pasażerowie w końcu ulegają prośbom załogi i wracają na swoje miejsca.

Scena II: Obsługiwanie pasażerów dobiegło końca. Stewardesy

zajmują się teraz nadzorowaniem kolejki, która powoli przesuwa się w stronę Ammy. Z braku czasu nie udało się przygotować *darśanowych* numerków, mimo to załoga spisuje się doskonale.

Scena III: Po otrzymaniu *darśanu* szczęśliwi i zrelaksowani pasażerowie wracają na swoje miejsca. Teraz z kolei wszyscy członkowie załogi ustawiają się w kolejce, włącznie z pierwszym i drugim pilotem. Przez cały czas czekali na swoją kolej, więc każdy pada w matczyne objęcia Ammy, otrzymuje słowa miłości i łaski, niezapomniany promienny uśmiech oraz cukierek – *prasad* [pobłogosławiony pokarm].

Scena IV: Taki sam scenariusz w drodze powrotnej.

Współczucie a Prawdziwe Współczucie

Rozmówca: Co jest Prawdziwym Współczuciem, Ammo?

Amma: Prawdziwe Współczucie to zdolność postrzegania i rozumienia tego, co kryje się poza zasięgiem naszej zwykłej percepcji. Tylko ci, którzy mają wgląd wykraczający poza wszelkie granice, mogą zaoferować prawdziwą pomoc i podnieść innych na duchu.

Rozmówca: Poza granice czego?

Amma: Poza ograniczenia ciała i umysłu, poza zewnętrzne pozory.

Rozmówca: Jaka jest więc różnica pomiędzy współczuciem a Prawdziwym Współczuciem?

Amma: Prawdziwe Współczucie to rzeczywista pomoc od Doskonałego Mistrza, który ma wgląd wykraczający poza powierzchowność umysłu. Natomiast współczucie to doraźna pomoc, którą otrzymujesz od ludzi z twojego otoczenia. Uczucie to nie może wyjść poza powierzchowność i przekroczyć granic zwykłej percepcji. Prawdziwe Współczucie jest właściwym zrozumieniem i głębszą wiedzą na temat danej osoby i jej położenia oraz tego, czego ona tak naprawdę potrzebuje. Zwykłe współczucie jest bardziej powierzchowne.

Rozmówca: Jak można je od siebie odróżnić?

Amma: To nie jest łatwe, jednak Amma da ci przykład. Często zdarza się, że nawet kilka dni po poważnej operacji chirurdzy zalecają pacjentom, aby wstali z łóżka i zaczęli chodzić. Jeśli pacjent jest do tego nieskory, to dobry lekarz, zdając sobie sprawę z konsekwencji, zmusi go do wstania z łóżka i chodzenia. Rodzina pacjenta, widząc jego cierpienie i zmagania, prawdopodobnie skomentuje to tak: „Co za bezlitosny lekarz! Dlaczego zmusza go do chodzenia, jeśli on tego nie chce? To już przesada".

W tym przykładzie postawę rodziny możemy nazwać współczuciem, a postawę lekarza – Współczuciem. Nasuwa się pytanie, kto tak naprawdę pomaga pacjentowi – lekarz czy rodzina? Pacjent może pomyśleć: „Ten lekarz na niczym się nie zna. Za kogo on się uważa, żeby wydawać mi polecenia? Co on o mnie wie? Nie mam zamiaru go słuchać". Takie podejście nigdy nie wyjdzie jednak pacjentowi na zdrowie.

Rozmówca: Czyli współczuciem można kogoś skrzywdzić.

Amma: Można skrzywdzić, jeśli nie zachowamy ostrożności

i zaoferujemy swoją pomoc, nie rozumiejąc subtelności sytuacji oraz struktury psychicznej danej osoby. Niebezpieczne jest, kiedy ludzie przywiązują nadmierną wagę do słów współczucia. Szczególnie, jeśli przerodzi się to w obsesję, niszcząc zdolność tych osób do *właściwego rozróżniania* poprzez trzymanie ich pod kloszem. Może im to dać poczucie tymczasowej ulgi, ale przez to mogą nigdy się już nie starać wybrnąć ze swojej sytuacji. Tacy ludzie mogą bezwiednie coraz bardziej pogrążać się w ciemności.

Rozmówca: Co dokładnie znaczy „trzymać kogoś pod kloszem", Ammo?

Amma: Jest to związane z utratą umiejętności głębszego wglądu w samego siebie, aby zobaczyć, co się naprawdę dzieje. To przywiązywanie zbyt dużej wagi do cudzego zdania i ślepe ufanie innym zamiast odwoływania się do własnej umiejętności właściwego oceniania.

Zwykłe współczucie to płytka miłość bez zrozumienia głównej istoty problemu, podczas gdy Prawdziwe Współczucie jest miłością, która widzi rzeczywiste źródło problemu i odpowiednio się nim zajmuje.

Prawdziwa miłość to stan całkowitej wolności od lęku

Rozmówca: Czym jest prawdziwa miłość, Ammo?

Amma: Prawdziwa miłość to stan całkowitej wolności od lęku. Lęk jest nieodłączną częścią umysłu, dlatego nie może iść w parze ze szczerą miłością. Wraz z pogłębiającą się miłością, intensywność lęku stopniowo maleje.

Lęk ma rację bytu jedynie wtedy, gdy identyfikujesz się z ciałem i umysłem. Przekroczenie słabości umysłu i życie w miłości jest prawdziwą pobożnością. Im więcej miłości jest w człowieku, tym bardziej przejawia się jego boskość. Im jest jej mniej, tym łatwiej zakrada się lęk i człowiek coraz bardziej oddala się od źródła życia. Brak lęku jest, w rzeczywistości, jedną z najwspanialszych cech prawdziwie kochającej istoty.

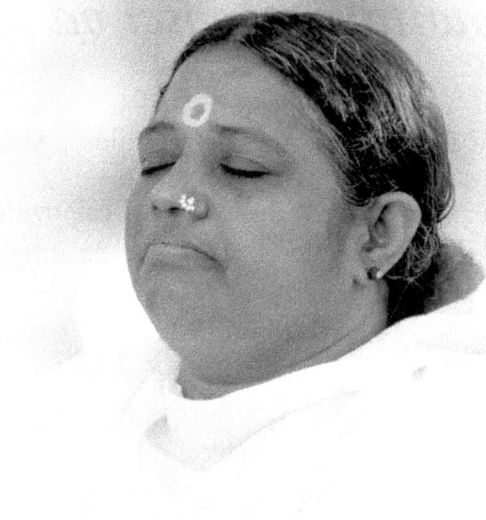

Zakazy i nakazy

R ozmówca: Powszechnie uważa się, że kultywowanie czystości i innych wartości moralnych jest istotne w życiu duchowym. Jednak niektórzy nauczyciele New Age taką potrzebę negują. Jaka jest Twoja opinia na ten temat, Ammo?

Amma: Niewątpliwie, prawdą jest, że wartości moralne odgrywają znaczącą rolę w życiu duchowym. Każda droga, czy to duchowa, czy świecka, obwarowana jest pewnymi nakazami i zakazami, których należy przestrzegać. Jeżeli zalecenia nie zostaną spełnione, osiągnięcie upragnionych rezultatów może okazać się trudne. Im subtelniejszy ostateczny cel, tym bardziej wymagająca droga do jego osiągnięcia. Duchowe urzeczywistnienie jest doświadczeniem najsubtelniejszym, dlatego też zasady, których należy przestrzegać, są rygorystyczne.

Pacjentom nie pozwala się jeść ani pić wszystkiego, na co mają ochotę. W zależności od choroby zaleca się im ograniczenia dietetyczne i umiarkowanie w aktywności fizycznej. Nieprzestrzeganie tych zaleceń może niekorzystnie wpłynąć na proces leczenia, a nawet pogorszyć stan chorego. Czy to rozsądne, gdy pacjent pyta: „Naprawdę muszę przestrzegać wszystkich reguł i ograniczeń?"? Są muzycy, którzy ćwiczą po 18 godzin dziennie, aby doskonale opanować sztukę gry na instrumencie. Niezależnie od obszaru twoich zainteresowań – czy jest nim duchowość, nauka, polityka, sport czy sztuka – twój sukces i wybicie się w twej dziedzinie zależą wyłącznie od podejścia, czasu poświęconego na osiągnięcie celu oraz tego, jak ściśle stosujesz się do wymagań.

Rozmówca: Czy zatem czystość jest podstawową wartością niezbędną do osiągnięcia Celu?

Amma: To może być czystość. To może być miłość, współczucie, przebaczenie, cierpliwość i wytrwałość. Po prostu wybierz jedną z tych wartości i przestrzegaj jej z najsilniejszą wiarą i optymizmem, a pozostałe pojawią się same. Celem jest przekroczenie ograniczeń umysłu.

Amma – dar dla świata

Rozmówca: Czego oczekujesz od Swoich uczniów, Ammo?

Amma: Amma niczego od nikogo nie oczekuje. Amma ofiarowała Siebie światu. Kiedy stajesz się darem, nie możesz niczego od nikogo oczekiwać. Wszystkie oczekiwania wywodzą się z ego.

Rozmówca: Często jednak wspominasz, Ammo, o powierzeniu się *Guru*. Czy to nie świadczy o Twoich oczekiwaniach?

Amma: Owszem, Amma o tym wspomina, jednak nie dlatego, że oczekuje oddania od Jej dzieci, lecz dlatego, że jest to sedno życia duchowego. *Satguru* ofiarowuje uczniom wszystko, co ma. Jego obecność jest dla nich darem i wzorem całkowitego oddania przez to, że sam jest całkowicie oddaną Duszą. Dzieje się to spontanicznie. Uczeń akceptuje to lub odrzuca, w zależności od poziomu dojrzałości i zrozumienia. Niezależnie od postawy ucznia, *Satguru* nie przestaje dawać. Nie potrafi inaczej.

Rozmówca: Co się dzieje, gdy uczeń powierza się *Satguru*?

Amma: Jak świeczka zapalona od większej świecy, uczeń również staje się światłem przewodnim dla świata. Uczeń też staje się Mistrzem.

Rozmówca: Co najbardziej w tym pomaga: osobowa forma Mistrza czy Jego lub Jej aspekt bezpostaciowy?

Amma: Jedno i drugie. Bezpostaciowa świadomość inspiruje ucznia poprzez osobową formę *Satguru*, która jest przejawem czystej miłości, współczucia i oddania.

Rozmówca: Czy uczeń powierza się osobowej formie Mistrza, czy bezpostaciowej świadomości?

Amma: Początkowo uczeń powierza się osobowej formie Mistrza, ale ostatecznie oddaje się bezpostaciowej świadomości wraz z urzeczywistnieniem swojej Prawdziwej Jaźni. Nawet w początkowym stadium *sadhany* uczeń, powierzając się osobowej formie Mistrza, w rzeczywistości, choć bezwiednie, oddaje się bezpostaciowej świadomości.

Rozmówca: Dlaczego?

Amma: Ponieważ uczniowie znają tylko ciało fizyczne – świadomość jest im kompletnie nieznana. Jednak szczery uczeń nie przestanie wielbić osobowej formy *Guru,* wyrażając w ten sposób swoją wdzięczność za obdarzanie go łaską i wskazywanie mu drogi.

Osobowa forma Satguru

Rozmówca: Czy możesz w prosty sposób wyjaśnić naturę fizycznej formy *Satguru*?

Amma: *Satguru* przejawia się zarówno w formie, jak i bez niej – podobnie jak czekolada. Po włożeniu do ust czekolada rozpuszcza się i zmienia w bezkształtną masę – staje się częścią ciebie. Analogicznie, jeśli szczerze przyswoisz sobie nauki Mistrza i wprowadzisz je w życie, wówczas zdasz sobie sprawę, że Mistrz jest najwyższą bezpostaciową świadomością.

Rozmówca: Czy w takim razie powinniśmy Cię całą zjeść, Ammo?

Amma: Tak, zjedz Ammę, jeśli potrafisz. Ona bardzo chętnie stanie się pokarmem dla twojej duszy.

Rozmówca: Dziękuję za przykład z czekoladą, Ammo. Łatwiej mi wszystko zrozumieć, bo uwielbiam czekoladę.

Amma (śmiejąc się): Tylko nie przesadzaj z czekoladą, bo ci zaszkodzi.

Doskonali uczniowie

Rozmówca: Jaka jest korzyść z bycia doskonałym uczniem?

Amma: Stajesz się Doskonałym Mistrzem.

Rozmówca: A jak Ty Siebie definiujesz?

Amma: Z pewnością nie jako coś określonego.

Rozmówca: Więc jako co?

Amma: Jako nicość.

Rozmówca: Czy to znaczy, że jako wszystko?

Amma: Znaczy to, że Amma jest zawsze obecna i dostępna dla wszystkich.

Rozmówca: Czy „wszyscy" to ci, którzy do Ciebie przychodzą?

Amma: „Wszyscy" to ci, którzy są otwarci.

Rozmówca: Czy to znaczy, że Amma nie jest dostępna dla tych, którzy nie są otwarci?

Amma: Fizyczna obecność Ammy jest dostępna dla każdego, niezależnie od tego, czy Ją akceptuje, czy nie. Jednak wewnętrzne doświadczenie jest tylko dla tych, którzy są otwarci. Piękną woń kwiatu poczują tylko ci, którzy są na nią otwarci – osoba z zatkanym nosem nie jest w stanie jej poczuć. W podobny sposób, zamknięte serca nie mogą doświadczyć tego, co Amma oferuje.

Wedanta i stworzenie

Rozmówca: Istnieją sprzeczne teorie na temat stworzonego świata. Ludzie podążający ścieżką uwielbienia i oddania twierdzą, że Bóg stworzył świat, podczas gdy *wedantyści* [wyznawcy filozofii nie-dualizmu] są zdania, iż wszystko jest wytworem umysłu i w związku z tym istnieje dopóty, dopóki istnieje umysł. Który z tych poglądów jest prawdziwy, Ammo?

Amma: Oba poglądy są prawdziwe. Wielbiciel postrzega Najwyższego Pana jako stwórcę świata, podczas gdy *wedantysta* traktuje *Brahmana* jako ostateczną zasadę leżącą u podstaw zmiennego, zjawiskowego świata. Dla *wedantysty* świat jest projekcją umysłu, natomiast dla wielbiciela jest *lilą* [boską grą] Ukochanego Pana.

Można odnieść wrażenie, że są to całkiem odmienne punkty widzenia, lecz po głębszej analizie okazuje się, iż w gruncie rzeczy się nie różnią.

Nazwy i formy związane są z umysłem. Gdy umysł przestaje istnieć, przestają także istnieć nazwy i formy. Świat, bądź wszystko, co jest stworzone, składa się z nazw i form. Nawet Bóg, Stwórca, posiada nazwę i formę oraz ma znaczenie tylko wtedy, kiedy istnieje całe stworzenie. Aby zaistniał świat nazw i form, potrzebna jest przyczyna sprawcza – tę przyczynę zwiemy Bogiem.

Prawdziwa *Wedanta* jest najwyższym rodzajem wiedzy. Amma nie ma tu na myśli *Wedanty* w postaci duchowych tekstów czy *Wedanty*, o której mówią tak zwani *wedantyści*. Amma mówi o *Wedancie* jako najwyższym doznaniu, sposobie życia i zrównoważonym umyśle, niezależnie od sytuacji.

Nie jest to jednak takie proste. Bez transformacji nie sposób tego doznać. Ta rewolucyjna przemiana na poziomie intelektualnym i emocjonalnym sprawia, że umysł staje się bardziej subtelny, obszerny i pełen mocy. Im bardziej subtelny i obszerny staje się umysł, tym bardziej przeistacza się w stan „bez-umysłu". Umysł stopniowo zanika, a jeśli nie ma umysłu, to gdzie jest Bóg, gdzie jest świat czy stworzenie? Nie znaczy to jednak, że świat zniknie ci z oczu, ale że nastąpi przemiana, która pozwoli ci dostrzec Jedność w wielości.

Rozmówca: Czy oznacza to, że w tym stanie również Bóg jest iluzją?

Amma: Tak, z ostatecznej perspektywy osobowa forma Boga jest iluzją. Aczkolwiek jest to uwarunkowane głębią twojego wewnętrznego przeżycia. Jednak postawa tak zwanych *wedantystów*, którzy egoistycznie utrzymują, że nawet formy bogów i bogiń są nieistotne, jest niepoprawna. Należy pamiętać, że ego nie pomoże na tej drodze. Tylko pokora jest tu w stanie pomóc.

Rozmówca: Rozumiem, ale wcześniej wspomniałaś, Ammo, że z ostatecznej perspektywy osobowa forma Boga jest iluzją. Czy twierdzisz więc, że rozmaite formy bogów i bogiń są jedynie projekcją umysłu?

Amma: Ostatecznie rzecz biorąc, tak. Cokolwiek umrze, nie jest rzeczywiste. Wszystkie fizyczne formy, nawet bogów i bogiń, mają swój początek i koniec. To, co się rodzi i umiera, jest wytworem umysłu; jest związane z procesem myślenia. A cokolwiek związane jest z umysłem, podlega zmianie, gdyż istnieje w czasie. Jedyna niezmienna prawda to ta, która trwa wieczne – podstawa umysłu i intelektu. Jest nią *Atman*, najwyższy stan istnienia.

Rozmówca: Skoro nawet formy bogów i bogiń są nierealne, to jaki jest sens budowania dla nich świątyń i czczenia ich?

Amma: Nie rozumiesz sedna sprawy. Nie można tak po prostu wyzbyć się bogów i bogiń, bo dla ludzi, którzy nadal utożsamiają się z umysłem i nie dostąpili jeszcze najwyższej świadomości, formy te są niewątpliwie realne i bardzo potrzebne dla ich rozwoju duchowego. Są im niezmiernie pomocne.

Rząd danego państwa składa się z kilkunastu ministerstw i departamentów. Od prezydenta lub premiera poczynając, poprzez ministrów, poniżej których w hierarchii znajdują się urzędnicy, aż po dozorców i sprzątaczki.

Powiedzmy, że potrzebujesz załatwić jakąś sprawę. Możesz iść bezpośrednio do prezydenta lub premiera, zakładając, że ich znasz lub masz z nimi kontakt. To znacznie ułatwia zadanie. Niezależnie, z jaką sprawą byś się tam udał, zostałaby ona natychmiast rozpatrzona. Lecz większość ludzi nie ma takich wpływów czy bezpośrednich kontaktów. Aby coś załatwić czy dotrzeć do władz wyższego szczebla, muszą podporządkować się procedurze, kontaktując się z urzędnikiem niższego szczebla, a czasami nawet z jego asystentem. Zatem, dopóki znajdujemy się na planie fizycznym naszej egzystencji, utożsamiając się z umysłem i jego schematami myślowymi, musimy rozpoznać i zaakceptować różne rodzaje boskości, aż do momentu nawiązania bezpośredniego kontaktu z wewnętrznym źródłem czystej energii.

Rozmówca: Ale *wedantyści* zwykle nie zgadzają się z tym punktem widzenia.

Amma: Których *wedantystów* masz na myśli? Mól książkowy, który powtarza święte pisma jak wyuczona papuga lub zacięta płyta, może nie, ale prawdziwy *wedantysta* – z pewnością tak. Człowiek, który nie akceptuje świata i ścieżki oddania i miłości, nie jest prawdziwym *wedantystą*. *Wedanta* w pełnym tego słowa znaczeniu to akceptacja świata i jego różnorodności, z jednoczesnym dostrzeganiem jednej Prawdy we wszystkim.

Wedantysta, który uważa, że droga miłości jest gorsza, nie jest ani *wedantystą,* ani szczerym poszukiwaczem duchowym. Prawdziwi *wedantyści* nie potrafią wykonywać praktyk duchowych bez miłości.

Osobowa forma Boga zaprowadzi cię do bezpostaciowości, pod warunkiem, że wykonujesz swoje praktyki duchowe z odpowiednim nastawieniem. *Saguna* [forma] jest zamanifestowanym bezpostaciowym aspektem – *nirguną.* Jeśli ktoś nie rozumie tej prostej zasady, to jaki jest sens nazywać siebie *wedantystą?*

Rozmówca: Ammo, powiedziałaś, że wielbiciel postrzega świat jako *lilę* Boga. Co kryje się pod tym pojęciem?

Amma: To słowo oznacza stan absolutnego *nie-przywiązania.* Najwyższy stan *sakszi* [bycia obserwatorem], bez wywierania wpływu na otoczenie, znany jest jako *'lila'.* Kiedy zdystansujemy się całkowicie od umysłu i jego przeróżnych projekcji, jakiekolwiek przywiązanie bądź potrzeba kontrolowania otaczającego nas środowiska będą niemożliwe. Obserwowanie wszystkiego, co dzieje się wewnątrz i na zewnątrz nas, bez angażowania się, jest prawdziwą przyjemnością, cudowną zabawą.

Rozmówca: Słyszeliśmy, Ammo, że zaprzestałaś przejawiać *Kryszna Bhawę*[3], ponieważ byłaś wówczas w stanie *lila*.

Amma: Tak, był to jeden z powodów. *Kryszna* nie był do niczego przywiązany. Aktywnie brał udział we wszystkim, lecz pozostawał przy tym całkowicie wolny, wewnętrznie dystansując się od wszystkiego, co działo się wokół niego. To właśnie kryje się pod łagodnym uśmiechem *Kryszny*, którym zawsze promieniało jego piękne oblicze.

Mimo iż Amma zawsze wysłuchiwała problemów Swoich uczniów, podczas *Kryszna Bhawa* miała do nich bardziej żartobliwy i zdystansowany stosunek. W tym stanie nie było ani miłości, ani jej braku, ani współczucia, ani braku współczucia. Matczyna miłość i przywiązanie, potrzebne, aby okazać głęboką troskę wobec ich uczuć, nie były wyrażane. Był to bezkresny stan bytu. Amma uświadomiła Sobie, że to jednak nie pomoże Jej uczniom, postanowiła więc kochać Swoje dzieci i służyć im jak matka.

---

[3] Początkowo Amma manifestowała zarówno *Kryszna Bhawę*, jak i *Dewi Bhawę*, jednak zaprzestała *Kryszna Bhawa* w 1983 roku.

„Czy jesteś szczęśliwy?"

Rozmówca: Słyszałem, Ammo, jak pytasz przychodzących do Ciebie na *darśan*: „Szczęśliwy?". Dlaczego zadajesz im to pytanie?

Amma: Jest to zaproszenie do bycia szczęśliwym. Kiedy jesteśmy szczęśliwi, pozostajemy otwarci i wówczas boska miłość, czy *śakti*, może przez nas płynąć. Amma skłania ludzi do bycia szczęśliwymi, aby wstąpiła w nich boska *śakti*. Gdy jesteśmy pogodni, otwarci i wrażliwi, doznajemy coraz więcej radości, a będąc nieszczęśliwi, zamykamy się w sobie i tracimy wszystko. Ten, kto jest otwarty, jest jednocześnie szczęśliwy. Bóg nie może się temu oprzeć. Przyciągasz tym Boga w głąb siebie, a nie ma większej radości, gdy Bóg zagości w twoim sercu.

Wspaniały przykład

Kiedy przyjechaliśmy do Santa Fe, padała mżawka. „W Santa Fe zawsze tak jest: po długiej suszy przyjeżdża Amma i wtedy pada deszcz" – stwierdził gospodarz Centrum Ammy w Nowym Meksyku.

Gdy dotarliśmy do domu gospodarza, było już ciemno. Minęło trochę czasu, zanim Amma wysiadła z samochodu. Gospodarz podał Jej sandały i zaczął iść ku przodowi samochodu, chcąc zaprowadzić Ją do domu.

Amma zrobiła kilka kroków za nim, po czym nagle odwróciła się, mówiąc: „Nie, Amma nie lubi przechodzić przed samochodem. To jest twarz auta. Takie postępowanie jest wyrazem braku szacunku – Amma nie czuje się z tym dobrze". Po czym przeszła za samochodem, idąc do domu. Amma zachowała się w ten sposób nie po raz pierwszy – zawsze tak robi, kiedy wysiada z samochodu.

Nie ma wspanialszego przykładu ilustrującego sposób, w jaki Amma wyraża miłość do wszystkich i wszystkiego – nawet nieożywionej materii.

Związki

Kiedyś podczas darśanu pewien młody człowiek zwrócił się do mnie i powiedział: *„Zapytaj Ammę, czy przestanę się w końcu zakochiwać i chodzić na randki?*

Amma (śmiejąc się psotnie): Co się stało? Czyżby twoja dziewczyna uciekła z kimś innym?

Rozmówca (z wielkim zdziwieniem): A skąd Ty to wiesz?

Amma: To proste – w takich sytuacjach zwykle przychodzą tego rodzaju myśli.

Rozmówca: Ammo, jestem zazdrosny o to, że moja dziewczyna nadal przyjaźni się ze swoim byłym chłopakiem.

Amma: Czy właśnie dlatego chcesz przestać chodzić na randki i angażować się w związki?

Rozmówca: Mam już tego dość i jestem sfrustrowany tego typu sytuacjami w moim życiu. Pragnę spokoju i chcę teraz skupić uwagę na swoich praktykach duchowych.

Amma o nic więcej nie pytała i kontynuowała darśan. Po jakimś czasie mężczyzna zapytał mnie: „Ciekaw jestem, czy Amma ma dla mnie jakąś radę?".
Amma to usłyszała.

Amma: Synu, Amma myślała, że już zadecydowałeś, jak postąpić.

Przecież stwierdziłeś, że masz już tego wszystkiego dość. Chcesz teraz prowadzić spokojne życie, koncentrując się na praktykach duchowych, prawda? Wygląda to na dobre rozwiązanie, więc zabierz się do pracy.

Mężczyzna przez jakiś czas milczał, lecz sprawiał wrażenie niespokojnego. W pewnym momencie Amma spojrzała na niego. W tym spojrzeniu i uśmiechu ujrzałem w Ammie Wielką Mistrzynię, szykującą się, by wydobyć coś dla niego niebawem na światło dzienne.

Rozmówca: Czy to znaczy, że Amma nie ma mi nic do powiedzenia?

Nagle biedak zaczął płakać.

Amma (wycierając łzy z jego twarzy): No, mój synu, jaki naprawdę masz problem? Otwórz się i powiedz Ammie.

Rozmówca: Rok temu poznałem ją podczas jednego z programów Ammy. Gdy spojrzeliśmy sobie w oczy, od razu wiedzieliśmy, że zostaliśmy dla siebie stworzeni. Tak to się zaczęło. A teraz, nagle, jej były chłopak wkroczył pomiędzy nas. Ona twierdzi, że to tylko kolega, ale zdarzają się takie sytuacje, gdy bardzo w to wątpię.

Amma: Dlaczego wątpisz, skoro ona twierdzi inaczej?

Rozmówca: Wygląda to tak: obydwaj tu jesteśmy, ja i jej były chłopak. Jednak ona spędza z nim więcej czasu niż ze mną. Bardzo mnie to denerwuje. Nie wiem, co robić. Mam depresję. Ciężko mi się skupić na Ammie, a przecież jesteś głównym powodem, dla którego tu przyjechałem. Moje medytacje nie są tak intensywne jak zwykle i nawet kiepsko sypiam.

Amma (żartując): Wiesz co? On pewnie wyraża swój podziw dla niej, mówiąc tak: „Kochanie, jesteś najpiękniejsza na świecie – nie mogę myśleć o żadnej innej kobiecie, odkąd ciebie poznałem". Widocznie bardziej ją adoruje, pozwala jej mówić i powstrzymuje się nawet wtedy, gdy czuje się prowokowany. Do tego na pewno kupuje jej dużo czekoladek! W przeciwieństwie do niego, ty prawdopodobnie robisz na niej wrażenie tyrana, który stale jej dokucza, sprzecza się z nią i tak dalej.

Mężczyzna i wszyscy wokół wybuchnęli śmiechem. Człowiek ten przyznał jednak, że Amma opisała go dość trafnie.

Amma (klepiąc go po plecach): Czy czujesz w stosunku do niej dużo złości i nienawiści?

Rozmówca: Owszem, ale więcej złości czuję do niego. Jestem bardzo zdenerwowany.

Amma dotknęła jego dłoni - była bardzo gorąca.

Amma: Gdzie ona teraz jest?

Rozmówca: Gdzieś tutaj.

Amma (po angielsku): Idź porozmawiać.

Rozmówca: Teraz?

Amma (po angielsku): Tak, teraz!

Rozmówca: Nie wiem, gdzie ona jest.

Amma (po angielsku): Znajdź ją.

Rozmówca: Dobrze, pójdę. Ale najpierw muszę znaleźć jego, bo tam będzie i ona. Tak czy inaczej, Ammo, powiedz mi:

powinienem kontynuować ten związek, czy go zakończyć? Czy sądzisz, że ten związek można uratować?

Amma: Synu, Amma wie, że nadal jesteś do niej przywiązany. Najważniejsze jest to, żebyś sam siebie przekonał, że uczucie, które nazywasz miłością, nie jest miłością, lecz przywiązaniem. Jedynie, gdy sam się o tym przekonasz, będziesz mógł otrząsnąć się ze stanu wzburzenia. Niezależnie od tego, czy zdołasz ten związek odbudować, czy nie, jeśli nie będziesz w stanie jasno ujrzeć różnicy między przywiązaniem a miłością, będziesz nadal cierpiał.

Amma opowie ci historię. Pewnego razu ważny urzędnik odwiedził zakład psychiatryczny. Lekarz zabrał go na obchód. W jednej z cel zobaczyli pacjenta bujającego się na krześle i powtarzającego w kółko: „Pumpum… Pumpum… Pumpum…". Urzędnik był zaintrygowany, zapytał więc lekarza, czy istnieje jakiś związek pomiędzy powtarzanym przez pacjenta słowem a jego chorobą.

Lekarz odpowiedział: „To smutna historia. Pumpum to imię dziewczyny, którą kochał. Ona go rzuciła i uciekła z innym, a on oszalał".

„Biedny człowiek", stwierdził urzędnik i poszli dalej. Jego zdziwienie było jeszcze większe, gdy w następnej celi zobaczył pacjenta, który również powtarzał: „Pumpum… Pumpum… Pumpum…", uderzając głową w ścianę. Zdumiony urzędnik zapytał:

„O co tu chodzi? Dlaczego ten pacjent powtarza to samo imię? Czy jest tu jakieś powiązanie?

„Tak" – odpowiedział lekarz – „To jest człowiek, który poślubił Pumpum".

Mężczyzna wybuchnął śmiechem.

Amma: Synu, miłość jest jak rozkwitający kwiat. Nie możesz go otworzyć siłą. Jeśli siłą otworzysz kwiat, zniszczysz całe piękno i zapach, i ani ty, ani nikt inny nie skorzysta z jego darów. Jeśli natomiast pozwolisz, aby kwiat sam naturalnie rozkwitł, wówczas będziesz mógł doświadczyć słodkiej woni i piękna jego płatków. Bądź więc cierpliwy, obserwuj siebie samego. Stań się jak lustro i postaraj się zobaczyć, w jaki sposób i gdzie zawiniłeś.

Rozmówca: Myślę, że zazdrość i złość przejdą mi tylko wtedy, gdy poślubię Boga.

Amma: Tak, trafiłeś w sedno. Bądź partnerem Boga. Tylko związek z prawdą duchową pozwoli ci wykroczyć poza umysł i znaleźć prawdziwy pokój i radość.

Rozmówca: Pomożesz mi w tym?

Amma: Pomoc Ammy jest zawsze dostępna. Musisz ją tylko dostrzec i z niej skorzystać.

Rozmówca: Bardzo dziękuję, Ammo. Już mi pomogłaś.

Co robi Doskonały Mistrz?

Rozmówca: Co *Satguru* robi dla ucznia, Ammo?

Amma: *Satguru* pomaga uczniowi dostrzec jego słabości.

Rozmówca: W jaki sposób to mu pomaga?

Amma: Naprawdę widzieć – znaczy być czegoś świadomym i zaakceptować to. Łatwiej jest pokonać własne słabości, gdy się je zaakceptuje.

Rozmówca: Czy mówiąc o słabościach, masz na myśli ego, Ammo?

Amma: Złość jest słabością, zazdrość jest słabością, nienawiść, egoizm i lęk to także słabości. Głównym ich powodem jest ego, czyli umysł z całym swoim bagażem ograniczeń i niedoskonałości.

Rozmówca: Czyli twierdzisz, że podstawowym zadaniem *Satguru* jest praca nad ego ucznia.

Amma: Zadaniem *Satguru* jest pomóc uczniowi uświadomić sobie, jak nieistotne jest to błahe zjawisko znane jako 'ego', które jest niczym płomyk w małej lampce oliwnej.

Rozmówca: Dlaczego ważne jest, by zdać sobie sprawę z nieistotności ego?

Amma: Ego nie wnosi nic nowego czy godnego uwagi. Gdy dostępny jest blask słońca, po cóż przejmować się słabym płomykiem, który może zgasnąć w każdej chwili?

Rozmówca: Mogłabyś to bardziej rozwinąć, Ammo?

Amma: Jesteś pełnią, boskością, w porównaniu z którą ego to nic innego jak tylko mały płomień. Toteż z jednej strony *Satguru* eliminuje ego, a z drugiej obdarowuje cię stanem pełni. Z pozycji żebraka *Satguru* awansuje cię do rangi króla – Władcy Wszechświata. *Satguru* zmienia człowieka, który nieustannie bierze, w kogoś, kto daje wszystko tym, którzy się do niego zwrócą.

Czyny Mahatmy

Rozmówca: Czy to prawda, że czyny *Mahatmy* zawsze mają znaczenie, niezależnie od tego, co robi?

Amma: Trafniejsze jest stwierdzenie, że wszelkie czyny Samourzeczywistnionej Duszy mają w sobie boskie przesłanie, które zawiera głębokie zasady życiowe. Nawet jeśli to, co robi, może z pozoru wydawać się bezsensowne, będzie niosło w sobie takie przesłanie.

Żył kiedyś pewien *Mahatma*, którego jedynym zajęciem było wtaczanie wielkiego głazu na wierzchołek góry. Była to jedyna praca, jaką wykonywał przez całe życie. Nigdy się nie nudził ani nie narzekał. Ludzie uważali go za szaleńca, chociaż nim nie był. Czasami wtoczenie kamienia na sam szczyt góry zajmowało mu kilkanaście godzin, a nawet kilka dni. Kiedy w końcu udało mu się go tam wtoczyć, spuszczał go w dół. Patrząc na głaz toczący się ze szczytu na sam dół, *Mahatma* klaskał w dłonie i śmiał się do rozpuku jak małe dziecko.

Osiągnięcie postępów na jakimkolwiek polu wymaga wielkiej odwagi i energii, a wystarczy moment, by zniszczyć wszystko, do czego doszliśmy ciężką pracą. Ta zasada odnosi się również do ludzkich cnót. *Mahatma* nie przywiązywał się ani trochę do ogromnego wysiłku, który wkładał, aby wtoczyć głaz pod górę. Dlatego mógł śmiać się jak dziecko – śmiechem kogoś w najwyższym stopniu wolnego od przywiązań. Prawdopodobnie tego właśnie chciał nas nauczyć.

Ludzie mogą interpretować i osądzać czyny *Mahatmy*. Dzieje się tak dlatego, że ludzki umysł pozbawiony jest subtelności niezbędnej do głębszego wglądu. Wszyscy mają jakieś oczekiwania, jednak prawdziwy *Mahatma* nie spełnia niczyich oczekiwań.

Objęcia Ammy niosą przebudzenie

Rozmówca: Gdyby ktoś Ci powiedział, że mógłby robić to samo, co Ty – mam na myśli obejmowanie ludzi – co byś na to odpowiedziała?

Amma: Że to cudownie. Światu potrzeba coraz więcej współczujących serc. Amma byłaby szczęśliwa, gdyby ktoś zdecydował, że jego lub jej *dharmą* jest służenie ludziom poprzez przytulanie ich z prawdziwą miłością i współczuciem. Jedna Amma fizycznie nie jest w stanie przytulić całej ludzkości. Jednak prawdziwa matka nie mówi o tym, jak się poświęca dla swoich dzieci.

Rozmówca: Co się dzieje, gdy obejmujesz ludzi, Ammo?

Amma: Gdy Amma obejmuje ludzi, nie chodzi wyłącznie o kontakt fizyczny. Miłość, którą Amma czuje wobec wszelkiego stworzenia, płynie do każdego, kto do Niej przychodzi. Ta czysta wibracja miłości oczyszcza ludzi, a to pomaga w ich wewnętrznym przebudzeniu i rozwoju duchowym.

W dzisiejszym świecie zarówno kobiety, jak i mężczyźni powinni obudzić w sobie cechy macierzyńskie. Objęcia Ammy mają pomóc ludziom w uświadomieniu sobie tej powszechnej potrzeby.

Miłość jest jedynym językiem, który każda żyjąca istota potrafi zrozumieć. Jest uniwersalna. Miłość, pokój, medytacja i *moksza* są uniwersalnym doświadczeniem.

Jak sprawić, by świat stał się Bogiem

Rozmówca: Jako ojciec i mąż mam sporo obowiązków i odczuwam wielką odpowiedzialność za rodzinę. Jak mam do tego podejść?

Amma: Niezależnie od tego, czy jesteś głową rodziny, czy też mnichem, najważniejsze jest to, jak postrzegasz życie i jakie wnioski wyciągasz z doświadczeń, które ono ze sobą niesie. Jeśli twoja postawa jest pozytywna i akceptująca, wówczas żyjesz w zgodzie z Bogiem już na tym świecie. Świat staje się Bogiem, a ty doświadczasz Jego obecności w każdej chwili. Jednak negatywna postawa przynosi wręcz odwrotny rezultat – wówczas wybierasz życie z diabłem. Głównym celem oddanego *sadhaki* powinno być poznanie własnego umysłu i jego niskich skłonności oraz ciągłe próby przekraczania ich.

Pewnego razu zadano *Mahatmie* następujące pytanie: „Czcigodny Ojcze, czy jesteś pewien, że po śmierci pójdziesz do nieba?".

„Tak, oczywiście" – odpowiedział *Mahatma*.

„Ale skąd jesteś tego pewien? Przecież nie umarłeś ani nawet nie wiesz, co kryje się w umyśle Boga".

„No tak, to prawda, że nie wiem, co Bóg ma na myśli, ale znam swój własny umysł. Jestem zawsze szczęśliwy, gdziekolwiek bym był, dlatego nawet w piekle będę szczęśliwy i spokojny" – odrzekł *Mahatma*.

Szczęście i spokój, zaiste, są niebem. Wszystko zależy od twojego umysłu.

Moc słów Ammy

Tego typu doświadczenie miałem nie raz, lecz setki razy. Przypuśćmy, że ktoś zwraca się do mnie z pytaniem lub przychodzi do mnie z poważnym problemem. Staram się wtedy odpowiedzieć na pytanie oraz podejść do problemu w opisowy i logiczny sposób.

Z pozoru zadowolony z mojej rady, człowiek odchodzi, wyrażając szczerą wdzięczność, a ja spoglądam na niego z odrobiną dumy. Jednak wkrótce widzę, jak ten sam człowiek zwraca się do innego *swamiego* [osoby duchownej] z tym samym pytaniem – to wyraźny sygnał, że nie zadowoliła go moja odpowiedź. Człowiek ten wciąż cierpi.

W końcu przychodzi do Ammy. Amma odpowiada na pytanie w bardzo podobny sposób – te same słowa, niekiedy nawet przykłady. Ale zmiana w tej osobie jest natychmiastowa. Wątpliwości, lęk i smutek znikają, a jej twarz rozjaśnia się. Widać wielką różnicę.

Zastanawia mnie zawsze, co powoduje tę różnicę. Amma niczego nowego nie mówi, ale Jej oddziaływanie jest ogromne.

Weźmy, na przykład, następujące zdarzenie. Amma podawała posiłek podczas jednego ze spotkań, gdy indyjska lekarka, która przez 25 lat mieszkała w Stanach Zjednoczonych, podeszła do mnie, mówiąc: „To jest mój pierwszy kontakt z Ammą. Chciałabym porozmawiać z tobą lub innym *swamim*".

Następnie podzieliła się ze mną bardzo wzruszającą historią. Kilka lat temu jej mąż wyruszył na pielgrzymkę do świętej góry Kajlasa w Himalajach. Tam doznał ataku serca i zmarł na miejscu. Kobieta nie była w stanie uwolnić się od bólu i cierpienia.

Powiedziała: „Jestem zła na Boga. Bóg jest bezlitosny". Słuchałem tych zwierzeń z takim współczuciem, na jakie tylko było mnie stać.

Rozmawiałem z nią, próbowałem przekonać do znaczenia duchowych aspektów śmierci oraz podzieliłem się kilkoma przykładami Ammy.

Na zakończenie powiedziałem, że jej mąż, w rzeczywistości, miał szczęście, oddając ducha przy świętej siedzibie Pana *Śiwy*. „Miał wspaniałą śmierć", przypomniałem.

Odchodząc, kobieta powiedziała: „Dziękuję bardzo. Jednak nadal czuję głęboki ból".

Następnego poranka przyszła na *darśan*. Zanim byłem w stanie opowiedzieć Ammie historię lekarki, Amma spojrzała jej głęboko w oczy i odezwała się po angielsku: „Smutna?".

Amma najwyraźniej odczuwała jej głęboki smutek. Podczas gdy opowiadałem Ammie tę historię, Amma tuliła kobietę z wielką czułością. Po krótkiej chwili podniosła delikatnie jej głowę i ponownie spojrzała głęboko w oczy. „Śmierć to nie koniec; nie jest całkowitym unicestwieniem. To początek nowego życia", powiedziała. „Twój mąż miał dużo szczęścia. Amma widzi go radosnego i spokojnego, więc nie rozpaczaj".

Kobieta nieoczekiwanie przestała płakać i na jej twarzy pojawił się spokój.

Gdy ujrzałem ją ponownie tego wieczoru, można było zauważyć po niej wyraźne poczucie ulgi. Powiedziała: „Jestem teraz taka spokojna. Amma naprawdę mnie pobłogosławiła. Nie wiem, jak zdołała tak nagle zdjąć ze mnie cały mój smutek".

Później, mając to na uwadze, zadałem Ammie pytanie: „Ammo, jak to jest, że Twoje słowa dokonują takiej przemiany? Dlaczego nasze słowa nie dają takiego samego efektu?".

„Ponieważ poślubiłeś świat, a rozwiodłeś się z boskością".

„Ammo, nie jest to jasne dla mojego umysłu. Możesz omówić to szerzej?".

„Poślubienie świata oznacza 'utożsamianie się z umysłem', czego rezultatem jest przywiązanie do zróżnicowanego świata i jego wytworów. To prowadzi do separacji lub rozwodu z wewnętrzną boską naturą.

To jest jak stan hipnozy. Gdy od-hipnotyzujemy się od naszego umysłu, nastąpi wewnętrzny rozwód. W tym stanie będziesz nadal mógł funkcjonować w świecie, ale twoje wewnętrzne małżeństwo, bądź zjednoczenie z boskością, pomoże ci rozpoznać fałszywą, zmienną naturę świata. Dzięki temu pozostaniesz nieporuszony i zdystansowany. Już nie będziesz zahipnotyzowany światem i jego wytworami. To jest, doprawdy, najwyższy stan Samourzeczywistnienia. To uświadomienie sobie, że zjednoczenie czy małżeństwo ze światem nie ma w sobie odrobiny prawdy. Prawda leży w ponownym zjednoczeniu z boskością i pozostaniu z nią w wiecznym związku małżeńskim.

Gopi z *Wryndawanu* uważały się za panny młode Pana *Kryszny*.

Wewnętrznie były poślubione Jemu, boskości, i pozostawały rozwiedzione ze światem".

Naukowcy i święci

*O*dpowiedź skierowana jest do ucznia, który zadał pytanie na temat niewierzących.

Amma: Wierzymy naukowcom, kiedy opowiadają o Księżycu lub Marsie. Jednak ilu z nas, tak naprawdę, jest w stanie ocenić, że to, co mówią, jest prawdą? Mimo to, przecież wierzymy słowom naukowców i astronomów. Święci i prorocy z dawnych czasów latami dokonywali eksperymentów w swoich wewnętrznych laboratoriach i dzięki temu poznali najwyższą prawdę, która stanowi podstawę wszechświata. Tak jak wierzymy słowom naukowców, kiedy mówią o nieznanych nam faktach, powinniśmy mieć wiarę w słowa Wielkich Mistrzów, którzy mówią o Prawdzie, w której są utwierdzeni.

Jak wznieść się ponad myśli?

Rozmówca: Wydawać by się mogło, że myślom nie ma końca, Ammo. Im więcej medytujemy, tym więcej myśli przychodzi. Dlaczego tak się dzieje? Jak wyeliminować te myśli, jak się wznieść ponad nie?

Amma: Myśli będące częścią umysłu są w rzeczywistości bierne. Ich moc pochodzi od *Atmana*. Nasze myśli są naszym własnym tworem. To my sprawiamy, że stają się realne, przez to, że z nimi współpracujemy. Jeśli przestaniemy je wspierać, znikną. Obserwuj uważnie swoje myśli, bez ich oceniania. Wtedy zobaczysz, jak stopniowo odchodzą.

Umysł od bardzo dawna gromadzi myśli i pragnienia – poprzez różne wcielenia, w których przychodziłeś na świat. Te wszystkie emocje tkwią głęboko w twoim wnętrzu. To, co postrzegasz, czy też czego doświadczasz na powierzchni umysłu, to zaledwie znikomy fragment ukrytych pokładów drzemiących wewnątrz. Kiedy próbujesz wyciszyć umysł poprzez medytację, myśli te powoli wyłaniają się na powierzchnię. Przypomina to szorowanie od dawna niemytej podłogi. Im bardziej czyścimy, tym więcej brudu wychodzi na wierzch, ponieważ od lat się na niej zbierał.

Podobnie jest z umysłem – wcześniej nie zwracaliśmy uwagi na te rozmaite myśli, które przez niego przepływały. A on już od dłuższego czasu je gromadzi, włącznie z różnymi pragnieniami i emocjami, jak ta podłoga zbiera brud. Świadomi jesteśmy jedynie tych myśli, które są na powierzchni naszego umysłu. Jednak pod jego powierzchnią jest niezliczona ilość pokładów myśli oraz emocji. Przy myciu podłogi na jej powierzchni pojawia się coraz więcej brudu, tak samo, im głębsza staje się nasza medytacja, tym więcej myśli się ujawnia. Czyść dalej, nie przestawaj, a one znikną.

Tak naprawdę, to dobrze, że się pokazują, ponieważ łatwiej jest się ich pozbyć, gdy je zauważysz i rozpoznasz. Nie trać cierpliwości. Bądź wytrwały w wykonywaniu swojej *sadhany*. Nadejdzie czas, gdy będziesz wystarczająco silny, aby je przekroczyć.

Rozwiązanie problemu przemocy i wojny

Rozmówca: Co ludzkość może zrobić, aby położyć kres wojnom i cierpieniu?

Amma: Mieć więcej współczucia i zrozumienia.

Rozmówca: Ale to nie wygląda na natychmiastowe rozwiązanie.

Amma: Szybkie i natychmiastowe wyjście z tej sytuacji jest wręcz niemożliwe. Nawet w przeciągu dłuższego czasu osiągnięcie tego celu może się nie udać.

Rozmówca: Ale ludziom, którzy miłują pokój, to nie odpowiada. Oni chcą szybkiego rozwiązania.

Amma: To dobrze. Niech rośnie pragnienie znalezienia szybkiego rozwiązania, aż przerodzi się w intensywną tęsknotę. Jedynie z tak głębokiej tęsknoty wyłoni się natychmiastowe rozwiązanie.

Rozmówca: Wielu ludzi o nastawieniu duchowym jest przekonanych, że przemoc i wojny, które widzimy na zewnątrz, są przejawem przemocy istniejącej wewnątrz nas. Co o tym myślisz?

Amma: To prawda. Jednak należy zrozumieć, że podobnie jak przemoc jest częścią ludzkiego umysłu, tak samo są nią spokój i szczęście. Ludzie byliby w stanie odkryć wewnętrzny i zewnętrzny spokój, gdyby naprawdę tego chcieli. Dlaczego skupiają się bardziej na agresywnym i destrukcyjnym aspekcie umysłu? Dlaczego trudno im dostrzec bezgraniczne współczucie oraz szczyt twórczych możliwości, które ten sam umysł jest w stanie osiągnąć?

Ostatecznie, wojna to nic innego jak żądza umysłu, aby wyrazić tkwiącą w nim przemoc. Umysł ma prymitywny, nierozwinięty czy niedoskonały wymiar. Wojny są tego rezultatem. Podżegająca do wojny natura umysłu jest prostym dowodem na to, że nie wyrośliśmy jeszcze z tej prymitywnej części umysłu. Dopóki jej nie przekroczymy, wojny i konflikty będą nadal obecne w społeczeństwie. Szukanie prawidłowej drogi, by wznieść się ponad ten aspekt umysłu, oraz wprowadzenie jej w życie jest właściwym i zdrowym podejściem do kwestii wojen i przemocy.

Rozmówca: Tą drogą jest duchowość?

Amma: Tak, jest nią duchowość – przekształcanie naszych procesów myślowych oraz pokonywanie słabości i ograniczeń umysłu.

Rozmówca: Czy myślisz, że ludzie wszystkich wyznań to zaakceptują?

Amma: Zaakceptują czy nie, taka jest prawda. Obecna sytuacja zmieni się tylko wtedy, kiedy przywódcy religijni podejmą inicjatywę szerzenia zasad duchowych własnych religii.

Rozmówca: Czy myślisz, że podstawową zasadą wszystkich religii jest duchowość, Ammo?

Amma: Amma tak nie myśli, lecz mocno w to wierzy. Taka jest prawda. Religia oraz jej najistotniejsze zasady nie zostały poprawnie zrozumiane. W rzeczywistości, zostały one błędnie zinterpretowane. Każda religia na świecie ma dwa aspekty: zewnętrzny i wewnętrzny. Zewnętrzny aspekt to filozofia, część intelektualna, zaś aspekt wewnętrzny to część duchowa. Ci, którzy są zbytnio przywiązani do tej zewnętrznej części religii, pogubią drogę. Religie są drogowskazami. Wskazują nam cel, a celem jest duchowe urzeczywistnienie. Aby osiągnąć cel, należy minąć drogowskaz, którym są słowa, i podążyć dalej.

Na przykład, aby przedostać się na drugą stronę rzeki, potrzebny jest prom. Kiedy dopłyniesz na drugi brzeg, musisz wysiąść i iść dalej. Jeśli jednak będziesz uparcie twierdzić: „Podoba mi się ten statek, nie chcę go opuszczać. Zostanę tutaj", to nie dotrzesz na drugi brzeg. Religia to statek. Skorzystaj z niej, aby przekroczyć ocean błędnego zrozumienia i mylnych koncepcji o życiu. Prawdziwy pokój nie zapanuje ani wewnątrz, ani na zewnątrz bez zrozumienia i wdrożenia tych zasad religijnych.

Religia jest jak ogrodzenie, które ochrania młode drzewko przed zwierzętami. Kiedy stanie się ono dojrzałym drzewem, nie będzie go już potrzebować. Można więc powiedzieć, że religia jest ogrodzeniem, a urzeczywistnienie – drzewem.

Ktoś wskazuje palcem owoc na drzewie. Najpierw patrzysz na koniec palca, a potem dalej. Jeśli nie spojrzysz dalej niż koniec palca, nie zdobędziesz owocu. W dzisiejszych czasach ludzie wszystkich religii nie zauważają owocu. Stali się oni zbyt, wręcz obsesyjnie, przywiązani do wskazujących palców, czyli słów i zewnętrznych aspektów swoich religii.

Rozmówca: Czy uważasz, że ludzie są tego wystarczająco świadomi?

Amma: Dużo się dzieje w celu stworzenia tej świadomości. Lecz mrok jest tak gęsty, że musimy się przebudzić i dać więcej z siebie. Oczywiście, są jednostki oraz organizacje zajmujące się szerzeniem tej świadomości. Jednak cel nie zostanie osiągnięty jedynie poprzez organizowanie konferencji i wygłaszanie przemówień o pokoju. Prawdziwa świadomość przychodzi tylko przez życie kontemplacyjne. To jest coś, co musi się stać od wewnątrz. Wszystkie organizacje oraz osoby aktywnie uczestniczące w budowaniu pokoju na świecie powinny to mówić. Pokój nie jest produktem intelektualnej gimnastyki. Jest uczuciem, które w nas rozkwita, kiedy kierujemy naszą energię w odpowiednie kanały. To właśnie jest dziełem medytacji.

Rozmówca: Jak opisałabyś obecny stan rzeczy na świecie?

Amma: W łonie matki, w początkowym stadium, ludzki zarodek przypomina kształtem rybę. A w końcowym stadium wygląda niemalże jak małpa. Chociaż uważamy się za ludzi cywilizowanych, którzy poczynili ogromne postępy w dziedzinie naukowej, wiele naszych działań świadczy o tym, że wewnątrz wciąż jesteśmy w ostatnim stadium rozwoju w łonie matki.

W istocie, ludzki umysł jest bardziej zaawansowany niż małpi. Małpa potrafi skakać jedynie z jednej gałęzi na drugą, z jednego drzewa na drugie, a „małpi" umysł człowieka może robić znacznie większe susy. Potrafi skakać dokądkolwiek, na Księżyc albo na szczyt Himalajów, z bieżącej chwili do przeszłości lub przyszłości.

Tylko wewnętrzna przemiana oparta na zasadach duchowych wniesie pokój i położy kres cierpieniu. Większość ludzi przyjmuje nieugiętą postawę. Żyją według dewizy: „Zmienię się tylko wtedy, gdy ty się zmienisz". Taka postawa nikomu nie pomoże. Jeśli najpierw zmienisz się ty, to druga osoba automatycznie również się zmieni.

Chrystus i chrześcijaństwo

Rozmówczyni: Jestem chrześcijanką od urodzenia. Kocham Chrystusa, ale również kocham Ciebie, Ammo. Jesteś moim *Guru*. Mam jednak dylemat. Moi dwaj synowie są zagorzałymi zwolennikami Kościoła i Jezusa i poza tym w nic innego nie wierzą. Ciągle mi mówią: „Jest nam przykro, mamo, że nie zobaczymy cię w niebie, gdyż pójdziesz do piekła przez to, że nie jesteś wyznawczynią Chrystusa". Staram się z nimi rozmawiać, ale oni nie chcą słuchać. Co powinnam zrobić, Ammo?

Amma: Amma doskonale rozumie ich wiarę w Chrystusa, a nawet szczerze docenia i szanuje ludzi, którzy tak głęboko wierzą we własną religię i osobowego Boga. Jednak twierdzenie, że wszyscy, którzy nie wierzą w Chrystusa, pójdą do piekła, jest kompletnie błędne i nielogiczne. Kiedy Chrystus powiedział: „Kochaj bliźniego swego jak siebie samego", nie miał na myśli „Kochaj jedynie chrześcijan", prawda? Twierdzenie, że „Wszyscy, za wyjątkiem chrześcijan, pójdą do piekła", jest lekceważeniem innych z powodu zupełnego braku miłości. To jest kłamstwo. Kłamanie jest wbrew Bogu. Boskość czy pobożność opiera się na prawdomówności, gdyż Bóg jest Prawdą. Bóg przejawia się w uznawaniu ważności drugiego człowieka oraz miłowaniu go.

Stwierdzenie typu: „Wy wszyscy pójdziecie do piekła, bo nie jesteście wyznawcami Chrystusa" wskazuje na kompletny brak szacunku i życzliwości wobec reszty ludzkości. Jak okrutna i pełna pychy jest postawa, według której wszyscy wielcy święci, mędrcy i miliardy ludzi, którzy żyli przed Chrystusem, poszli do piekła!

Czy ci ludzie utrzymują, że doświadczenie Boga istnieje dopiero od 2000 lat, a może myślą, że sam Bóg ma tylko 2000 lat? Jest to sprzeczne z samą naturą Boga, który jest wszechobecny oraz istnieje poza czasem i przestrzenią.

Jezus był Bogiem zamanifestowanym w ludzkim ciele. Amma nie ma żadnego problemu z zaakceptowaniem tego. Nie znaczy to jednak, że wszystkie wielkie inkarnacje przed i po nim nie są *Awatarami*, czy też nie są zdolne zbawić tych, którzy w nie wierzą.

Czyż Chrystus nie oznajmił: „Królestwo Boże jest w was"? Tak proste i jasne stwierdzenie, ale co ono znaczy? Znaczy, że Bóg mieszka w tobie. Jeżeli niebo jest w tobie, to jest w tobie również i piekło. Jest nim twój umysł. Umysł jest bardzo skutecznym narzędziem. Możemy go użyć do stworzenia zarówno piekła, jak i nieba.

Wszyscy *Mahatmowie*, z Chrystusem włącznie, przykładają wielką wagę do miłości i współczucia. Prawda jest taka, że miłość i współczucie to fundamentalne zasady wszystkich autentycznych religii. Te boskie wartości stanowią podstawę wszystkich wyznań. Bez akceptacji czystej świadomości jako głównej zasady będącej podłożem wszystkich zjawisk nie można kochać i współczuć innym. „Kocham cię, ale tylko jeśli jesteś chrześcijaninem" jest tym samym, co stwierdzenie: „Tylko chrześcijanie mają świadomość, wszyscy pozostali to nieożywiona materia". Zaprzeczenie świadomości jest zaprzeczeniem miłości i Prawdy.

Córko, jeśli chodzi o twoje nastawienie do tej sytuacji, Amma nie sądzi, że łatwo będzie zmienić uczucia twoich dzieci, i wcale nie jest to potrzebne. Niech mają swoją wiarę. A ty słuchaj własnego serca i dyskretnie rób to, co uważasz za stosowne. Przecież i tak najważniejsze jest to głębokie uczucie w twoim sercu.

Ważne jest być dobrym chrześcijaninem, hinduistą, buddystą, żydem czy muzułmaninem, ale nigdy nie zatracać *umiejętności prawidłowego rozróżniania*, stając się fanatykiem w imię religii.

Inicjacja w mantrę Chrystusa

Młody chrześcijanin poprosił Ammę o *mantrę*.

„Jaka jest twoja ukochana forma Boga?" – zapytała Amma.

„To zależy od Ciebie, Ammo. Jakąkolwiek formę Boga Ty wybierzesz, taką *mantrę* będę recytował", powiedział.

Na to Amma odparła: „Nie, Amma wie, że urodziłeś się i zostałeś wychowany w wierze chrześcijańskiej, więc ta właśnie *samskara* [dominująca predyspozycja pochodząca z tego lub poprzednich wcieleń] jest w tobie głęboko zakorzeniona".

Po chwili zamyślenia młody człowiek rzekł: „Ammo, jeżeli

chcesz, abym to ja dokonał wyboru, w takim razie, proszę, daj mi inicjację w *mantrę* do *Kali*.

Amma łagodnie odmówiła jego prośbie i powiedziała: „Posłuchaj, Amma wie, że starasz się Ją zadowolić. Dla Ammy nie ma znaczenia, czy będziesz recytował *mantrę* do *Kali*, czy do Chrystusa. Bądź jednak szczery z samym sobą i otwarty wobec Ammy. Właśnie taka postawa najbardziej Ammę cieszy".

„Ale, Ammo, ja intonuje już *Mantrę Mahamritundżaja* i inne hinduskie modlitwy", odrzekł, starając się przekonać Ammę.

Amma odpowiedziała: „Może to i prawda, jednak musisz recytować *mantrę* do Chrystusa, gdyż jest to twoją dominującą *samskarą*. Jeśli będziesz recytował inne *mantry*, to w dłuższym czasie będzie ci trudno to kontynuować. W przyszłości z pewnością pojawią się sprzeczne myśli".

Jednak młodzieniec bardzo się upierał. Chciał, aby Amma albo wybrała mu *mantrę*, albo zainicjowała go w *mantrę* do *Kali*. W końcu Amma powiedziała: „W porządku, synu, zrób jedno – usiądź w spokoju i pomedytuj przez jakiś czas. Zobaczymy, co z tego wyniknie".

Gdy po kilku minutach skończył medytować, Amma spytała go: „Teraz powiedz Ammie, jaka jest twoja ukochana forma Boga?". Młody człowiek tylko się uśmiechnął. Amma zapytała: „Chrystus, tak?". Chłopak odpowiedział: „Tak, Ammo, masz rację. Myliłem się".

Amma zwróciła się do niego: „Amma nie widzi różnicy pomiędzy Chrystusem, *Kryszną* czy *Kali*. Natomiast ty, choć nie jesteś tego świadomy, podświadomie jednak tę różnicę odczuwasz. Amma chciała, żebyś zdał sobie z tego sprawę i to zaakceptował. Dlatego poprosiła cię, abyś pomedytował".

Młody człowiek był szczęśliwy, a Amma dała mu inicjację w *mantrę* do Chrystusa.

Żyjący w iluzji i jak im pomóc

Rozmówca: Ammo, istnieją ludzie, którzy od dawna wykonują intensywne duchowe praktyki, ale są zarazem bardzo zagubieni. Niektórzy z nich twierdzą nawet, że osiągnęli ostateczny cel. Jak można im pomóc?

Amma: Zanim sami nie zdadzą sobie sprawy z takiej potrzeby, jak ktokolwiek może im pomóc? Aby wyjść z mroku iluzji, trzeba najpierw wiedzieć, że się w nim tkwi. Jest to jeszcze jeden skomplikowany stan umysłu. Dzieci te utknęły w tym stanie i mają trudności z zaakceptowaniem prawdy. Jak można tak twierdzić i zarazem mniemać, że jest się całkowicie wolnym od ego?

Rozmówca: Co prowadzi ich do tego stanu mentalnego zagubienia?

Amma: Ich błędne koncepcje na temat duchowości i *wnikania w Jaźń*.

Rozmówca: Czy można ich uratować?

Amma: Tylko jeśli zechcą zostać uratowani.

Rozmówca: Czy mogą zostać uratowani dzięki Bożej łasce?

Amma: Oczywiście, że tak, ale czy są otwarci na jej przyjęcie?

Rozmówca: Łaska i współczucie są bezwarunkowe. Warunkiem jest bycie otwartym, czyż nie?

Amma: Otwartość nie jest warunkiem, ale koniecznością tak niezbędną, jak jedzenie i sen.

Pomoc Doskonałego Mistrza w dotarciu do Celu

Rozmówca: Niektórzy sądzą, iż niepotrzebne jest przewodnictwo *Guru*, aby urzeczywistnić Boga. Co o tym myślisz, Ammo?

Amma: Ślepy człowiek nie widzi nic poza ciemnością, więc szuka pomocy. Ale ludzie, mimo iż są ślepi duchowo, mogą sobie nie zdawać z tego sprawy. A nawet jeśli są tego świadomi, to i tak tego nie akceptują. Dlatego trudno jest im szukać przewodnictwa.

Ludzie mają rozmaite poglądy i wolność ich wyrażania. Osoby z silnym intelektem są w stanie udowodnić lub obalić wiele tez. Nie znaczy to jednak, że ich wywody są zgodne z prawdą. Im większym jest się intelektualistą, tym większym egoistą. Poddanie nie przychodzi takim ludziom łatwo, a doświadczenie Boga nie stanie się rzeczywistością, zanim ego się nie podda. Ludzie, którzy są bardzo przywiązani do swojego ego, znajdują wiele sposobów na wytłumaczenie swoich egoistycznych czynów. Jeśli ktoś twierdzi, że przewodnictwo *Guru* nie jest konieczne w drodze do Boga, Amma ma wrażenie, że taka osoba lęka się poddania swojego ego. Albo, być może, sama pragnie być *Guru*.

Mimo iż boskość jest naszą prawdziwą naturą, od bardzo dawna utożsamiamy się ze światem nazw i form, uważając je za realne. Nadszedł czas, abyśmy przestali się z nimi identyfikować.

Podarunek niewinnego serca

Mała dziewczynka, która przyszła do Ammy na *darśan*, podarowała Jej piękny kwiat. Powiedziała: „Pochodzi z naszego ogrodu, Ammo".

Amma na to: „Naprawdę? Jest prześliczny". Przyjmując kwiatek od dziewczynki, Amma przyłożyła go do Swego czoła w geście uszanowania.

„Sama go zerwałaś?" – zapytała Amma. Dziewczynka kiwnęła twierdząco głową.

Matka dziewczynki wytłumaczyła Ammie, że jej córka tak się ucieszyła na wieść, że zobaczą Ammę, że natychmiast pobiegła do ogrodu i wróciła z kwiatkiem w dłoni. Na jego płatkach było nadal kilka kropel porannej rosy. „Pokazując mi go, powiedziała: 'Mamo, ten kwiatek jest tak piękny jak Amma'".

Dziewczynka siedziała na kolanach Ammy. Nagle objęła Ją mocno i pocałowała w obydwa policzki. Powiedziała: „Bardzo Cię kocham, Ammo". Oddając pocałunki, Amma odrzekła: „Moja dziecinko, Amma też cię bardzo kocha".

Obserwując dziewczynkę radośnie tańczącą przy matce, gdy obie wracały na swoje miejsca, Amma stwierdziła: „Niewinność jest taka piękna i ujmująca".

Gorąca linia do Boga

Na jednym ze spotkań, podczas sesji pytań i odpowiedzi, jeden z uczestników powiedział zaniepokojonym tonem: „Ammo, tysiące ludzi modli się do Ciebie. Wydaje mi się, że prawie wszystkie linie będą zajęte, gdy zadzwonię po pomoc. Czy masz dla mnie jakieś rozwiązanie?".

Amma roześmiała się na cały głos i odparła: „Nie martw się, synu. Masz bezpośrednie połączenie". Odpowiedź Ammy wywołała donośny śmiech. Amma kontynuowała: „Tak naprawdę, to 'gorąca linia' do Boga jest dostępna dla każdego. Jednak jakość połączenia zależy od żarliwości modlitwy".

Jak płynąca rzeka...

Rozmówca: Dzień po dniu, rok po roku wykonujesz to samo, Ammo. Czy nie znudziło Ci się jeszcze obejmowanie ludzi?

Amma: Jeśli rzeka nudzi się tym, że płynie, słońce tym, że świeci, a wiatr tym, że wieje, to Amma też czuje się znudzona.

Rozmówca: Stale jesteś otoczona ludźmi, Ammo. Czy nie czujesz potrzeby odrobiny wolności i bycia samej?

Amma: Amma jest zawsze wolna i sama.

Wedyjskie dźwięki i mantry

Rozmówca: Starożytni *Ryszi* znani są jako *mantra driszti* [ci, którzy widzieli mantry]. Czy znaczy to, że widzieli czyste dźwięki i *mantry*?

Amma: „Widzieli" to znaczy, że „ukazały się w ich wnętrzu" lub że ich doświadczyli. *Mantr* można doświadczyć jedynie wewnątrz. *Wedyjskie* dźwięki i *mantry* od zawsze były w kosmosie, w atmosferze. Co robią naukowcy, gdy coś odkrywają? Wyciągają na światło dzienne fakty, które były ukryte od dłuższego czasu. Nie możemy tych odkryć nazywać nowymi, skoro oni jedynie je odsłaniają.

Odkrycia naukowe i *mantry* różnią się od siebie poziomem

subtelności. Poprzez surowe ascezy *Ryszi* sprawili, że ich wewnętrzne anteny stały się czyste i przejrzyste. Tym sposobem
owe kosmiczne dźwięki samoczynnie pojawiły się w ich wnętrzu.

Wiemy, w jaki sposób dźwięki i obrazy w formie wibracji
podróżują przez przestrzeń ze stacji radiowej lub telewizyjnej.
Zawsze znajdują się w atmosferze. Jednak aby je zobaczyć lub usłyszeć, musimy dostroić nasze odbiorniki radiowe lub telewizyjne.
Podobnie, boskie dźwięki zostaną objawione tym, którzy mają
jasny i czysty umysł. Fizyczne oczy nie są w stanie ich zobaczyć.
Będziemy zdolni do doświadczenia ich jedynie poprzez rozwinięte
trzecie, czyli *wewnętrzne, oko*.

Jakikolwiek by to był dźwięk, naucz się go odczuwać naj-
głębiej jak potrafisz. Najistotniejsze jest odczucie dźwięku, a nie
tylko słyszenie go. Poczuj swoje modlitwy, poczuj swoją *mantrę*,
a poczujesz Boga.

Rozmówca: Czy *mantry* coś znaczą?

Amma: Znaczą, ale nie to, co przypuszczasz czy oczekujesz.
Mantry to najczystsza forma kosmicznej wibracji, czyli *śakti*,
której potęgi doświadczyli *Ryszi* podczas głębokich medytacji.
Mantra to moc wszechświata w postaci nasienia. Dlatego *mantry*
znane są jako *bidżakszary* [sylaby nasienne]. Po przejściu przez to
doświadczenie *Ryszi* obdarowali ludzkość tymi czystymi dźwiękami. Jednak słowne streszczanie jakiegokolwiek doświadczenia,
a w szczególności najgłębszego ze wszystkich, do łatwych nie
należy. Zatem *mantry*, które mamy, są najbardziej zbliżonymi
do kosmicznego brzmienia dźwiękami, które współczujący *Ryszi*
byli w stanie przełożyć na słowa dla dobra świata. Aczkolwiek nie
zmienia to faktu, że pełni *mantry* można doświadczyć jedynie,
gdy umysł osiągnie doskonałą czystość.

Czegoś brakuje

Rozmówca: Wielu ludzi twierdzi, że mimo posiadania wszystkich materialnych udogodnień w ich życiu czegoś brakuje. Co sprawia, że tak się czują?

Amma: Życie przynosi ludziom rozmaite doświadczenia i sytuacje, które uwarunkowane są *karmą* [czynami] z przeszłości i tym, jak postępują i działają w teraźniejszej chwili. Niezależnie od statusu społecznego czy majątku, jedynie życie i myślenie w sposób *dharmiczny* pomoże osiągnąć doskonałość i szczęście w życiu. Jeśli twój majątek i pragnienia nie są wykorzystywane zgodnie z ostateczną *dharmą*, czyli osiągnięciem *mokszy*, nigdy nie zaznasz spokoju.

Nie przestanie ci doskwierać poczucie: „Czegoś mi brak". To, czego ci brakuje, to spokój, spełnienie i zadowolenie. A ów brak prawdziwej radości tworzy pustkę, której nie można wypełnić przez oddawanie się przyjemnościom lub zaspokajanie pragnień materialnych.

Ludzie na całym świecie myślą, że mogą wypełnić tę lukę, spełniając swoje pragnienia. Prawdę mówiąc, ta luka pozostanie, a nawet może się poszerzyć, jeśli nie przestaną uganiać się wyłącznie za rzeczami doczesnymi.

Dharma i *moksza* są współzależne. Ten, kto żyje według zasad *dharmy*, osiągnie *mokszę*, a kto pragnie osiągnąć *mokszę*, będzie niewzruszenie prowadzić życie zgodne z *dharmą*.

Pieniądze i bogactwo, użyte niemądrze i niewłaściwie, mogą stać się wielką przeszkodą. Stanowią przeszkodę szczególnie dla tych, którzy pragną rozwijać się duchowo. Im więcej posiada się pieniędzy, tym bardziej jest się skłonnym do obsesji na punkcie swojego ciała. Im bardziej człowiek utożsamia się z ciałem, tym bardziej staje się egoistyczny. Pieniądze same w sobie nie są problemem, problemem jest nierozważne przywiązanie do nich.

Świat i Bóg

Rozmówca: Jaki jest związek pomiędzy światem i Bogiem oraz szczęściem i smutkiem?

Amma: Tak naprawdę, świat jest nam potrzebny po to, aby poznać Boga, co jest równoznaczne z doznaniem prawdziwego szczęścia. W klasie szkolnej nauczyciel pisze na czarnej tablicy białą kredą. Czarne tło stanowi kontrast dla białych liter. Podobnie, świat jest tłem, dzięki któremu możemy poznać naszą czystość, uświadomić sobie naszą prawdziwą naturę, którą jest odwieczna błogość.

Rozmówca: Ammo, czy to prawda, że jedynie ludzie mogą czuć się nieszczęśliwi i niezadowoleni, a zwierzęta nie?

Amma: Nie, w istocie, tak nie jest. Zwierzęta również odczuwają przygnębienie i niezadowolenie. Doświadczają smutku, miłości,

złości oraz innych emocji, jednak nie tak głęboko, jak istoty ludzkie. Ludzie przewyższają w rozwoju zwierzęta i to sprawia, że ich
przeżycia emocjonalne są o wiele bardziej intensywne.

W rzeczywistości, głębokie uczucia smutku ujawniają potencjał doznania przeciwnej skrajności, jaką jest błogość. Z uczuć
głębokiego smutku i bólu możemy faktycznie nabrać wystarcza-
jącej siły, by przejść na ścieżkę *wnikania w Jaźń*. To tylko kwestia
kierowania naszą mocą witalną [*śakti*] z większą roztropnością.

Rozmówca: W jaki sposób możemy tego dokonać, Ammo?

Amma: Tylko głębsze zrozumienie może nam w tym pomóc.
Uczestnictwo w ceremonii pogrzebowej czy wizyta u starszej
chorej osoby przykutej do łóżka z pewnością nas zasmuci. Jednak
po powrocie do domu, wpadając w rytm codziennych obowiązków, zapomnimy o tych wydarzeniach i nasze życie potoczy się
dalej. Sytuacje te nie poruszyły najskrytszych zakątków naszego
serca, nie przeszyły nas zbyt głęboko. Gdybyś jednak poważnie
się zastanowił nad takimi doświadczeniami i pomyślał: „Prędzej
czy później, czeka mnie to samo. Powinienem zgłębić przyczynę
ludzkiej niedoli i przygotować się, zanim będzie za późno", wtedy
każde tego typu doświadczenie będzie, krok po kroku, odmieniać
twoje życie i odsłaniać przed tobą nieprzeniknione tajemnice
wszechświata. Jeśli poważnie i szczerze do tego podejdziesz, stopniowo odkryjesz prawdziwe źródło radości.

Podczas wypowiedzi Ammy dziecko, które wygodnie siedziało na ko-
lanach swojej mamy, nagle zaczęło płakać. „Dziecinko…dziecinko",
zawołała Amma i zapytała, dlaczego dziecko płacze. „To jej wypa-
dło", odpowiedziała mama dziewczynki, podnosząc do góry smoczek.
Wszyscy zaczęli się śmiać. Matka włożyła smoczek z powrotem do
ust dziecka, które przestało płakać.

Amma: Mała utraciła swoje szczęście. To obrazowo wyjaśniło sens naszych rozważań. Smoczek jest zwodniczy jak świat. Nie daje dziecku żadnego pożywienia, mimo to koi jego płacz. Można więc powiedzieć, że w pewnym sensie jest z niego jakiś pożytek. Świat również nie daje duszy prawdziwego pokarmu. Jednak czemuś służy. Przypomina nam o Stworzycielu, Bogu.

Rozmówca: Mówi się, że człowiek musi przejść przez ogromny ból i smutek, zanim nastąpi urzeczywistnienie Jaźni. Czy tak faktycznie jest?

Amma: Tak czy inaczej, smutek i cierpienie są nieodłączną częścią życia. Duchowość to nie podróż do przodu, jest to podróż wstecz. To powrót do pierwotnego źródła istnienia. Podczas tego procesu musimy przejść przez pokłady różnych emocji i *wasan* [skłonności], które nagromadziliśmy do tej pory. Stąd, a nie z zewnątrz, bierze się ten ból. Przechodząc przez te warstwy z otwartością, w rzeczywistości przekraczamy i pokonujemy je, co w rezultacie doprowadzi nas do bezmiernego spokoju i radości.

Przed dotarciem na sam szczyt góry znajdujemy się w dolinie u jej podnóża, czyli po przeciwnej stronie. Podobnie, zanim zdobędziemy szczyt szczęścia, nieuniknione jest doznanie drugiej skrajności, jaką jest smutek.

Rozmówca: Dlaczego tak jest?

Amma: Dopóki utożsamiasz się z własnym ego i czujesz: „Jestem oddzielony od Boga", dopóty będą w tobie smutek i cierpienie. Gdy stoisz u podnóża góry, to zanim będziesz w stanie rozpocząć wspinaczkę, musisz porzucić wszystko, co łączy cię z doliną, włącznie z całym twoim dorobkiem. Jeżeli podejdziesz do tego bez pełnego przekonania, cierpienie będzie nieuniknione. W przeciwnym razie, cierpienia nie będzie. Gdy odrzucamy przywiązanie, ból zmienia się w intensywną tęsknotę, tęsknotę za dotarciem na wyżyny wieczystej jedności. Prawdziwe pytanie brzmi: ilu jest w stanie całym sercem uwolnić się od przywiązania?

Uczeń na chwilkę popadł w zamyślenie. Zauważywszy jego milczenie, Amma klepnęła go po głowie, mówiąc: „Gdy dostrajasz bębenek ego, pozwól, aby wydobywały się z niego przyjemne dźwięki". Mężczyzna spontanicznie wybuchnął śmiechem.

Amma: Amma słyszała taką opowieść. Był kiedyś zamożny człowiek, któremu zobojętniała doczesność i zapragnął żyć w spokoju i wyciszeniu. Mimo iż posiadał wszelkie dobra materialne, przekonał się, że jego życie pozbawione jest sensu. Postanowił więc poprosić o poradę Mistrza Duchowego. Przed wyruszeniem z domu rozważał: „Co mam zrobić z całym tym majątkiem? Podaruję wszystko *Guru* i będę miał święty spokój. Tym, czego naprawdę pragnę, jest prawdziwe szczęście". Załadował na plecy worek pełen złotych monet i udał się w drogę.

Po całodniowej podróży mężczyzna ujrzał siedzącego pod drzewem na skraju wsi Mędrca. Postawił przed nim wór pieniędzy i pokłonił się do ziemi. Lecz gdy uniósł głowę, osłupiał, widząc Mędrca uciekającego z jego workiem pieniędzy. Całkowicie zmieszany i zaskoczony tym dziwnym zachowaniem, udał się za nim w pogoń. Biegł tak szybko, jak mógł. Jednak Mistrz był od niego znacznie szybszy, doskonale orientował się w terenie wioski, w jej krętych ścieżkach i alejkach. Biegł przez pola i pagórki, przeskakując po drodze strumienie i krzewy. Bogaczowi było niezmiernie trudno go dogonić.

Nadchodził zmrok. Mężczyzna stracił wszelką nadzieję, że kiedykolwiek dogoni Mędrca, i w końcu powrócił do miejsca ich spotkania. Leżał tam worek pieniędzy, a za drzewem czekał przyczajony Mistrz. Porywając swój drogocenny skarb, usłyszał głos Mistrza: „Jak się teraz czujesz?".

„Jestem szczęśliwy, bardzo szczęśliwy – to najszczęśliwsza chwila w moim życiu".

„Zatem – rzekł *Guru* – aby zaznać prawdziwego szczęścia, musisz doświadczyć jego przeciwieństwa".

Dzieci, możecie tułać się po świecie, goniąc za jego różnymi wytworami. Jednak jeśli nie powrócicie do swojego pierwotnego źródła, nie doznacie prawdziwego szczęścia. To jest jeszcze jeden morał tej historii.

Rozmówca: Ammo, słyszałem, że aby zaznać prawdziwego szczęścia, należy zaprzestać wszelkich poszukiwań. Czy mogłabyś to wyjaśnić?

Amma: Zaprzestanie wszelkich poszukiwań to zaniechanie pogoni za szczęściem „na zewnątrz", w świecie materialnym, ponieważ to, czego szukasz, znajduje się w tobie samym. Przestań uganiać się za przedmiotami tego świata i skieruj uwagę do środka, wejrzyj w siebie. Tam znajdziesz to, czego pragniesz.

Jesteś zarówno poszukującym, jak i tym, czego poszukujesz. To, o co się ubiegasz, jest już w twoim posiadaniu. Na zewnątrz nie sposób tego znaleźć. Zatem, wszelkie poszukiwania szczęścia skierowane na zewnątrz są, prędzej czy później, skazane na porażkę i frustrację. Przypomina to zachowanie psa, który próbuje złapać własny ogon.

Bezgraniczna cierpliwość

O d 1988 roku regularnym gościem na programach Ammy w Nowym Jorku był pewien pięćdziesięcioparoletni człowiek. Nie mogę go zapomnieć, gdyż zawsze zwracał się do Ammy z tymi samymi pytaniami. Tak się też składało, że prawie za każdym razem byłem jego tłumaczem. Rok po roku, mężczyzna ten zadawał trzy następujące pytania, niczego nie zmieniając:

1. Ammo, czy możesz obdarzyć mnie natychmiastowym urzeczywistnieniem?
2. Kiedy poślubię ładną kobietę?
3. W jaki sposób mogę się szybko wzbogacić?

Widząc go w kolejce darśanowej, żartobliwie skomentowałem: „Zbliża się zdarta płyta".

Amma natychmiast wyczuła, o kogo chodzi. Spojrzała na mnie surowo i powiedziała: „Duchowość polega na współczuciu i zaangażowaniu w problemy oraz cierpienie innych. Powinno się przynajmniej wykazywać intelektualną dojrzałość wobec ludzi z tego rodzaju problemami i zmartwieniami. Jeśli nie masz cierpliwości, aby ich słuchać, to nie nadajesz się na tłumacza Ammy".

Poprosiłem Ammę o przebaczenie za moje nastawienie oraz pełne uprzedzenia słowa. Mimo to nadal wątpiłem, czy Amma rzeczywiście zechce po raz piętnasty wysłuchać jego pytań.

„Czy powinienem przyjąć jego pytania?"– zapytałem.

„Oczywiście, dlaczego pytasz?".

Faktycznie, to były te same trzy pytania. A ja ponownie, pełen *podziwu i zachwytu, byłem świadkiem, jak Amma słuchała mężczyzny i radziła mu tak, jakby słyszała je po raz pierwszy.*

Rozmówca: Ammo, czy możesz obdarzyć mnie natychmiastowym urzeczywistnieniem?

Amma: Czy medytujesz regularnie?

Rozmówca: Chcąc dobrze zarabiać, pracuję 50 godzin tygodniowo. Mimo to medytuję, lecz niezbyt regularnie.

Amma: To znaczy?

Rozmówca: Po zakończeniu codziennych zajęć medytuję, jeśli mam czas.

Amma: A co z odmawianiem twojej *mantry*? Czy powtarzasz ją codziennie, zgodnie z zaleceniami?

Rozmówca (z pewnym wahaniem): Tak, powtarzam swoją *mantrę*, ale nie codziennie.

Amma: O której godzinie chodzisz spać i o której rano wstajesz?

Rozmówca: Zwykle chodzę spać około północy, a wstaję o 7:00.

Amma: O której godzinie wychodzisz z domu do pracy?

Rozmówca: Pracuję w biurze od 8:30 do 17:00. Jeżeli nie ma korków, dojazd do pracy zajmuje mi od 35 do 40 minut. Po wstaniu z łóżka mam czas tylko na zaparzenie kawy, zrobienie tostów z dwóch kromek chleba i ubranie się. Ze śniadaniem i kawą w ręce wsiadam do samochodu i wyjeżdżam z domu około 7:35.

Amma: O której godzinie wracasz do domu z pracy?

Rozmówca: Mmm... między 17:30 a 18:00.

Amma: Co robisz po przyjściu do domu?

Rozmówca: Odpoczywam przez pół godziny, a potem gotuję obiad.

Amma: Dla ilu osób?

Rozmówca: Tylko dla siebie. Mieszkam sam.

Amma: Ile czasu ci to zajmuje?

Rozmówca: Mniej więcej 40 minut do godziny.

Amma: Jest 19:30. Co robisz po obiedzie? Oglądasz telewizję?

Rozmówca: Tak, dokładnie.

Amma: Jak długo?

Rozmówca (śmiejąc się): Ammo, złapałaś mnie. Oglądam telewizję aż do zaśnięcia. Chcę Ci się również do czegoś przyznać... Albo lepiej nie mówmy o tym.

Amma (klepiąc go po plecach): Śmiało, dokończ, co miałeś powiedzieć.

Rozmówca: Wstyd mi się do tego przyznać.

Amma: Jak chcesz.

Rozmówca (po chwili przerwy): Nie ma sensu tego przed Tobą ukrywać. Wierzę, że i tak już o tym wiesz. Inaczej, po co byś tworzyła taką sytuację? Cóż za *lila*! Ammo, wybacz mi, proszę, zapomniałem swoją *Guru mantrę*. Nie mogę nawet znaleźć papierka, na którym była zapisana.

Po usłyszeniu tych słów Amma wybuchnęła śmiechem.

Rozmówca (zdziwiony): Co się stało? Dlaczego się śmiejesz?

Gdy siedział zmartwiony, Amma żartobliwie uszczypnęła go w ucho.

Amma: Ty łobuzie! Amma wiedziała, że chciałeś coś przed Nią ukryć. Posłuchaj synu, Bóg obdarza nas wszystkim. Amma widzi twoją szczerość i dociekliwość, ale musisz wypracować w sobie więcej *śraddhy* [wiary i uwagi pełnej miłości] oraz zaangażowania. Musisz usilnie się starać, aby osiągnąć Cel, którym jest Samourzeczywistnienie.

Mantra jest mostem łączącym cię z twoim *Guru* – łączy ograniczoność z nieograniczonością. Dla prawdziwego ucznia powtarzanie *Guru mantry* jest jak pokarm. Okaż szacunek wobec *mantry* i pełne uwielbienie wobec swojego *Guru* poprzez jej regularne, codzienne powtarzanie. Nie doznasz Samourzeczywistnienia, jeżeli nie wykażesz się pełnym zaangażowaniem. Duchowość nie może być „na pół etatu", musi być zajęciem w pełnym wymiarze czasu. Amma nie prosi cię, żebyś zrezygnował z pracy czy mniej pracował. Niewątpliwie, bardzo poważnie podchodzisz do pracy i zarabiania na życie. Urzeczywistnienie Boga jest również poważnym przedsięwzięciem. Duchowe praktyki powinny stać się częścią twojego życia, tak jak jedzenie i spanie.

Rozmówca (uprzejmie): Przyjmuję Twoją odpowiedź, Ammo. Będę pamiętał o tym i postaram się wszystko uporządkować tak, jak mi poradziłaś. Proszę, pobłogosław mnie.

Mężczyzna zamilkł na chwilę. Wyglądał na pogrążonego w kontemplacji.

Amma: Synu… Dwa razy byłeś już żonaty, zgadza się?

Rozmówca (zaskoczony): A skąd o tym wiesz?

Amma: Synu, nie po raz pierwszy dzielisz się z Ammą swoimi troskami.

Rozmówca: Co za pamięć!

Amma: Czy sądzisz, że kolejne małżeństwo się powiedzie?

Rozmówca: Nie wiem.

Amma: Nie wiesz, czy nie jesteś pewny?

Rozmówca: Nie jestem pewny.

Amma: Nawet w obliczu tej niepewności wciąż myślisz o kolejnym małżeństwie?

Zdziwiony, a zarazem rozbawiony, mężczyzna nie mógł powstrzymać się od śmiechu. Gdy doszedł do siebie, ze złożonymi jak do modlitwy dłońmi zwrócił się do Ammy: „Ammo, jesteś urzekająca i niepokonana. Kłaniam się nisko".

Z łagodnym uśmiechem na twarzy Amma żartobliwie klepnęła mężczyznę w pochyloną łysą głowę.

Bezwarunkowa miłość
i współczucie

Rozmówca: Co rozumiesz przez bezwarunkową miłość i współczucie?

Amma: Jest to stan zupełnie nie do określenia.

Rozmówca: Więc co to jest?

Amma: Można to porównać do bezkresu nieba.

Rozmówca: Czy jest to niebo wewnętrzne?

Amma: Nie ma w tym ani strony wewnętrznej ani zewnętrznej.

Rozmówca: Wobec tego co jest?

Amma: Jest tylko jedność. Dlatego nie można tego określić.

Najłatwiejsza ścieżka

R ozmówca: Ammo, jest tyle różnych dróg, która z nich jest najłatwiejsza?

Amma: Najłatwiejszą drogą jest bycie u boku *Satguru*. Przebywanie z *Satguru* to jak podróż odrzutowcem. *Satguru* jest najszybszym pojazdem, który zabierze cię do Celu. Podążanie jakąkolwiek inną ścieżką bez pomocy *Satguru* podobne jest do podróży autobusem z niezliczoną liczbą przystanków. To spowolni proces rozwoju duchowego.

Oświecenie, wyrzeczenie
i życie w chwili obecnej

Rozmówczyni: Czy to prawda, że niezależnie od intensywności *sadhany* oświecenie nie może nastąpić bez wyrzeczenia się?

Amma: Co według ciebie stanowi intensywną *sadhanę*? Intensywna *sadhana* polega na wykonywaniu jej szczerze i z miłością. Aby to było możliwe, należy trwać w chwili obecnej. Aby trwać w chwili obecnej, należy wyrzec się przeszłości i przyszłości.

Czy nazywasz to wyrzeczeniem, życiem w teraźniejszości, tu i teraz, obecną chwilą lub jakoś inaczej, wszystkie te określenia znaczą to samo. Mimo różnych nazw wewnętrzne doznanie jest identyczne. Jakąkolwiek praktykę duchową wykonujemy, ma ona za zadanie pomóc nam nauczyć się wielkiej lekcji poniechania. Prawdziwa medytacja nie jest czynnością, jest głęboką tęsknotą serca, by zjednoczyć się z Jaźnią, z Bogiem. Im głębiej pogrążymy się w sobie podczas tego procesu, tym mniejsze będzie nasze ego i poczujemy się lżej. Zatem prawdziwym celem *sadhany* jest stopniowe wyzbywanie się poczucia „ja" i „moje". Ten sam proces jest opisywany w rozmaity sposób, różni się jedynie słowami, to wszystko.

Rozmówczyni: Wszystkie doczesne osiągnięcia oraz sukcesy życiowe zależą w zasadzie od naszej agresywności i kompetencji. Jeżeli nie będziemy stale rozwijać swojej inteligencji oraz bystrości umysłu, to nie odniesiemy sukcesu. Chwila nieuwagi i zostajemy w tyle. Wydaje się więc, że między zasadami życia duchowego i świeckiego istnieje duża rozbieżność.

Amma: Dobrze to ujęłaś, córko, mówiąc „*wydaje się*, że istnieje duża rozbieżność".

Rozmówczyni: Co masz na myśli?

Amma: Niezależnie od pozycji społecznej czy zawodu, większość ludzi żyje w teraźniejszości, ale nie w pełni. Zaabsorbowani jakąś czynnością czy myślą, poddają się bieżącej chwili. Inaczej nie byliby w stanie niczego zdziałać. Spójrz, przykładowo, na stolarza. Jeśli podczas pracy używa jakiegoś narzędzia i nie skupi swojej uwagi na tu i teraz, naraża się na niebezpieczeństwo. Zatem ludzie żyją w chwili obecnej. Jedyną różnicą jest to, że większość nieświadomie lub tylko w niewielkim stopniu świadomie. Dlatego są obecni zaledwie częściowo lub wcale. Wiedza duchowa mówi, abyśmy w pełni trwali w tu i teraz, niezależnie od czasu i miejsca. Ludzie zwykle pozostają w swoim umyśle lub intelekcie – nigdy w sercu.

Rozmówczyni: Ale żeby być w pełni obecnym, czy nie należy najpierw przekroczyć ego?

Amma: Tak, lecz przekroczenie ego nie znaczy, że jesteś w jakiś sposób niesprawna czy nieprzydatna. Wręcz przeciwnie, przełamiesz wszelkie swoje słabości. Będziesz zupełnie odmieniona, a twoje ukryte zdolności wyrażą się w pełni. Jako doskonała istota ludzka, niedostrzegająca żadnych różnic, będziesz gotowa służyć światu.

Rozmówczyni: Czy twierdzisz zatem, Ammo, że wyrzeczenie się i życie w bieżącej chwili w zasadzie niczym się nie różnią?

Amma: Tak, są jednym i tym samym.

Dźapa mala i telefon komórkowy

W chodząc na salę *darśanową* w towarzystwie Swoich dzieci, Amma zauważyła, że jeden z *brahmaćarinów* [mnichów] odszedł na bok, aby odebrać telefon.

Gdy skończył i wrócił do grupy, Amma podzieliła się z nami następującą uwagą: „To, że *sadhaka* posiada telefon komórkowy, w niczym nie przeszkadza, jeśli jest zajęty wieloma rozmaitymi obowiązkami, takimi jak organizowanie programów Ammy oraz kontaktowanie się z regionalnymi koordynatorami danego kraju. Jednak trzymając telefon w jednej dłoni, w drugiej powinniśmy mieć *dźapa malę* [różaniec], która przypomni nam o powtarzaniu *mantry*. Telefon jest niezbędny, by utrzymywać kontakt ze światem. Korzystaj z niego w razie potrzeby. Ale nigdy nie strać kontaktu z Bogiem, twoją siłą życiową".

Żywa Upaniszada

Rozmówca: Jak opisałabyś *Satguru*?

Amma: *Satguru* jest żywą *Upaniszadą*.

Rozmówca: Co jest głównym zadaniem Mistrza?

Amma: Jedynym zamierzeniem Mistrza jest zainspirować uczniów i wpoić im wiarę i miłość, potrzebne do osiągnięcia Celu. Zadanie Mistrza to przede wszystkim wzniecenie w uczniach żarliwości w zgłębianiu Jaźni czy miłowaniu Boga. Jak tylko płomień żarliwości zostanie rozniecony, Mistrz nie tylko będzie go podsycał, ale również ochraniał przed burzliwą nocą i ciężką ulewą niepotrzebnych pokus. *Satguru* będzie strzegł Swoich uczniów, podobnie jak kura, która chroni pisklęta pod swymi skrzydłami. Obserwując *Satguru* i czerpiąc inspiracje z Jego lub Jej życia, uczeń krok po kroku nauczy się takich wielkich lekcji, jak oddanie i uwolnienie się od przywiązania. Ostatecznym tego rezultatem będzie całkowite oddanie się i transcendencja.

Rozmówca: Co uczeń przekracza?

Amma: Swoją niższą naturę – *wasany*.

Rozmówca: Jak opisałabyś ego, Ammo?

Amma: Jest to błahe zjawisko, lecz należy być ostrożnym, gdyż może okazać się ono destrukcyjne.

Rozmówca: A czy w życiu codziennym nie jest ono dość użytecznym i potężnym narzędziem?

Amma: Tak, jeśli nauczysz się go właściwie używać.

Rozmówca: Co chcesz powiedzieć przez „właściwie"?

Amma: Amma ma na myśli to, że powinno się sprawować kontrolę nad ego poprzez właściwe rozróżnianie.

Rozmówca: To stanowi część praktyk duchowych *sadhaków*, tak?

Amma: Tak, ale *sadhaka* stopniowo osiąga panowanie nad swoim ego.

Rozmówca: Czy to znaczy, że nie ma potrzeby przekraczania ego?

Amma: Osiągnięcie panowania nad ego i przekroczenie go są tym samym. Lecz w rzeczywistości nie ma czego przekraczać. Tak jak ostatecznie nierealne jest ego, tak nierealne jest też przekraczanie go. Wyłącznie *Atman* jest rzeczywisty. Reszta to tylko cienie lub chmury zasłaniające słońce. Nie są prawdziwe.

Rozmówca: A jednak cień osłania nas przed słońcem, jak więc możemy nazywać go nierealnym?

Amma: To prawda. Nie możemy nazywać cienia nierealnym. Czemuś służy – daje osłonę. Nie zapomnij jednak o drzewie, które jest źródłem cienia. Cień bez drzewa istnieć nie może, a drzewo istnieje, nawet bez cienia. Więc cień nie jest ani realny, ani nierealny. To właśnie jest *mają* [iluzją]. Umysł, bądź ego, nie jest ani realny ani nierealny. Tak czy inaczej, istnienie *Atmana* w żaden sposób nie zależy od ego.

Dam ci przykład. Podczas upału mężczyzna z synkiem wybrali się na spacer. Aby uchronić się przed gorącem, chłopczyk schował się za ojcem, podążając w jego cieniu, który służył mu jako osłona. Masz rację, nie można nazywać cienia nierealnym, ale też nie jest on realny. Jednak czemuś służy. Podobnie, mimo iż ego nie jest ani rzeczywiste, ani nierzeczywiste, pełni swoją funkcję, którą jest przypominanie nam o *Atmanie* – ostatecznej rzeczywistości będącej podstawą ego.

Podobnie jak cień, ani świat, ani ego nie mogą istnieć bez *Atmana*. *Atman* utrzymuje i wspiera całość istnienia.

Rozmówca: Powracając do tematu transcendencji – powiedziałaś, Ammo, że podobnie jak ego jest nierealne, tak też przekraczanie go nie jest realne. Jeśli tak, to na czym polega proces odkrywania Jaźni czy jej urzeczywistniania?

Amma: Podobnie jak ego nie jest realne, tak proces jego przekraczania odbywa się tylko na pozór. Nawet stwierdzenie „odkrywanie Jaźni" nie jest właściwe, gdyż Jaźni nie trzeba odkrywać.

To, co zawsze pozostaje niezmienne, nie musi przechodzić przez żaden proces.

Wszelkie wyjaśnienia doprowadzą cię w końcu do wniosku, że wszelkie wyjaśnienia są bez znaczenia. Wtedy uświadomisz sobie, że nic innego poza *Atmanem* nie istnieje i że żaden proces w rzeczywistości nie miał miejsca.

Wyobraź sobie, że pewnego dnia odkryjesz cudowne źródło ambrozji w samym środku gąszczu. Wodą ze źródła ugasisz pragnienie i uzyskasz nieśmiertelność. Nie wiedziałeś wcześniej o tym źródle, mimo iż zawsze tam było. Nagle uświadomiłeś sobie, że jest, zdałeś sobie sprawę z jego istnienia. Podobnie jest z wewnętrznym źródłem czystej *śakti*. Wraz z tym, jak twoje poszukiwania i twoja tęsknota za poznaniem własnej Jaźni nabiorą intensywności, nastąpi olśnienie i wejdziesz w kontakt z tym źródłem. Gdy tylko łączność zostanie nawiązana, uświadomisz sobie, że nigdy nie byłeś od niego oddzielony.

W łonie wszechświata ukryte jest niezmierne bogactwo – szlachetne kamienie, magiczne eliksiry, leki będące panaceum, cenne informacje dotyczące historii ludzkości, sposoby na odkrycie tajemnic kosmosu. To, co naukowcy są, byli i będą w stanie odkryć, jest zaledwie minimalną cząsteczką w porównaniu z tym, co wszechświat w sobie zawiera. Nie ma nic nowego. Wszystkie wynalazki to nic innego, jak tylko odsłanianie zasłon. Podobnie, najwyższa prawda jest głęboko w nas, jakby zakryta. Proces odsłaniania znany jest jako *sadhana*.

Zatem, z punktu widzenia jednostki, proces odkrywania Jaźni ma miejsce, stąd przekraczanie ego również.

Rozmówca: Ammo, proszę, wyjaśnij nam, w jaki sposób przejawia się transcendencja w różnych sytuacjach życiowych?

Amma: Jedynie gdy osiągniemy pełną dojrzałość i zrozumienie, dojdzie do transcendencji. Z kolei, aby te cechy mogły się w nas wykształcić, potrzebne są duchowe praktyki, stawianie czoła różnym doświadczeniom życiowym z pozytywnym nastawieniem oraz pewien poziom otwartości. Wszystko to sprawi, że będziemy w stanie porzucić nasze błędne koncepcje i wyjść poza umysł. Dzięki wzmożonej uważności pojawi się zrozumienie, że poniechanie i uwalnianie się od błahostek, małostkowych pragnień oraz wszelkich wpływów przywiązania jest naszym codziennym doświadczeniem.

Mały chłopczyk uwielbia bawić się zabawkami, szczególnie swoim pluszowym szympansem. Tak kocha swoje wypchane szympansiątko, że bierze je wszędzie ze sobą. Często nawet zapomina o jedzeniu, gdy się nim bawi. A gdyby jego mama próbowała zabrać mu szympansa, rozzłości się i zacznie płakać. Maluch, nawet zasypiając, mocno przytula go do siebie. Dopiero gdy już zaśnie, mama jest w stanie wyciągnąć zabawkę z jego objęć.

Ale przyjdzie dzień, gdy mama zobaczy wszystkie zabawki, włącznie z ukochanym szympansem, porzucone w kącie pokoju. Chłopczyk z dnia na dzień z nich wyrósł, przekroczył przywiązanie do swoich zabawek. Może kiedyś ktoś go zobaczy, jak się uśmiecha na widok innego dziecka bawiącego się zabawkami, myśląc: „Oh, jak ten maluch się bawi". Nie pamięta nawet, że kiedyś też był dzieckiem.

Jeśli chodzi o dziecko, to porzuca ono zabawki i wybiera coś bardziej zaawansowanego, powiedzmy, rowerek na trzech kółkach. Wkrótce wyrośnie również i z niego, będzie wtedy jeździć normalnym rowerem. A nadejdzie czas, kiedy będzie chciało motocykl, samochód... Jednak *sadhaka* potrzebuje rozwinąć w sobie taką siłę i zrozumienie, aby mógł przekroczyć wszystko, co pojawi się na jego drodze, i wybrać tylko Najwyższego.

Maja

Rozmówca: Czym jest *maja*, Ammo? Jak ją określasz?

Amma: Umysł jest *mają*. To, że umysł nie jest w stanie pojąć, że świat jest nietrwały i zmienny, jest *mają*.

Rozmówca: Mówi się również, że świat materialny jest *mają*.

Amma: Tak, ponieważ jest on projekcją umysłu. To, co uniemożliwia nam postrzeganie tej rzeczywistości, jest *mają*.

Dla dziecka lew wyrzeźbiony z sandałowca jest prawdziwy, lecz dla dorosłego człowieka jest kawałkiem drewna. Drewno ukryte jest przed oczami dziecka, ujawniając jedynie lwa. Rodzice mogą także cieszyć się lwem, ale wiedzą, że nie jest on prawdziwy. Dla nich prawdziwe jest drewno, nie wyrzeźbione z niego zwierzę. Podobnie, dla Samourzeczywistnionej duszy cały wszechświat jest niczym innym jak podstawowym surowcem, „drewnem", które zawiera w sobie wszystko, *Brahmanem*, czy Absolutną Świadomością.

Ateiści

Rozmówczyni: Jaka jest Twoja opinia na temat ateistów, Ammo?

Amma: Nie ma znaczenia, czy ktoś wierzy w Boga, czy nie, byleby tylko właściwie służył społeczeństwu.

Rozmówczyni: Nie przejmujesz się tym tak bardzo, prawda?

Amma: Amma troszczy się o każdego.

Rozmówczyni: Ale czy uważasz, że poglądy ateistów są słuszne?

Amma: Jakie ma znaczenie, co Amma myśli, jeżeli oni będą nadal wierzyć w swoje przekonania?

Rozmówczyni: Ammo, wykręcasz się od odpowiedzi na moje pytanie.

Amma: A ty, córko, przypierasz Ammę do muru, aby dała taką odpowiedź, jaką ty chcesz usłyszeć.

Rozmówczyni (śmiejąc się): Dobrze, Ammo, chciałabym wiedzieć, czy ateizm to zaledwie intelektualna gimnastyka, czy też jest jakiś sens w tym, co głosi.

Amma: Sens czy bezsens zależy od nastawienia. Ateiści mają silne przekonanie, że nie istnieje żadna wyższa moc czy Bóg. Jednak niektórzy z nich mówią tak publicznie, ale w głębi serca są wierzący.

Nie ma nic szczególnego w takich intelektualnych praktykach. Wydawać by się mogło, że ktoś z mocnym intelektem potrafi udowodnić, czy też obalić istnienie Boga. Ateizm oparty jest na logice. Lecz jak można intelektualną gimnastyką udowodnić bądź obalić istnienie Boga, który jest poza sferą intelektu?

Rozmówczyni: Czy twierdzisz zatem, że ich poglądy na temat Boga są błędne, Ammo?

Amma: Ich czy też kogoś innego, te poglądy na pewno będą błędne, gdyż Boga nie można rozpatrywać z żadnego punktu widzenia. Bóg pojawi się tylko wtedy, kiedy wszystkie poglądy znikną. Można użyć intelektualnej logiki, aby coś założyć lub obalić, ale to nie zawsze musi być prawdą.

Mógłbyś powiedzieć, dla przykładu, że A nie ma nic w dłoniach, B również nie ma nic w dłoniach, niczego też nie widzę w dłoniach C, a więc nikt nic nie ma w dłoniach. To jest logiczne i brzmi poprawnie, ale czy tak jest naprawdę? Podobnie jest z wnioskami intelektualnymi.

Ateiści we współczesnym świecie tracą dużo czasu, starając się udowodnić, że Bóg nie istnieje. Jeśli tak mocne jest ich przekonanie, to dlaczego tak się martwią? Zamiast brać udział w intelektualnych debatach, które są destruktywne, powinni zrobić coś pożytecznego dla społeczeństwa.

Spokój

Rozmówczyni: Ammo, czym jest dla Ciebie spokój?

Amma: Czy pytasz o spokój wewnętrzny, czy zewnętrzny?

Rozmówczyni: Chciałabym wiedzieć, czym jest prawdziwy spokój.

Amma: Córko, najpierw ty powiedz Ammie, czym dla ciebie jest prawdziwy spokój.

Rozmówczyni: Myślę, że spokój to szczęście.

Amma: Ale co jest prawdziwym szczęściem? Spełnienie wszystkich pragnień? Czy coś innego?

Rozmówczyni: Hmm… To nastrój, który pojawia się, gdy nasze pragnienia są zaspokojone?

Amma: Lecz takie dobre nastroje szybko znikają. Czujesz się szczęśliwa, gdy zaspokoisz konkretne pragnienie. Jednak za chwile pojawi się następne i rzucisz się za nim w pogoń. To jest błędne koło, prawda?

Rozmówczyni: To prawda. Więc może prawdziwym szczęściem jest szczęście wewnętrzne?

Amma: No tak, ale jak poczuć szczęście wewnątrz?

Rozmówczyni (śmiejąc się): Starasz się mnie zapędzić w kozi róg.

Amma: Nie, po prostu zbliżamy się do odpowiedzi, której potrzebujesz. Pomyśl, córko, w jaki sposób można poczuć szczęście wewnątrz, jeśli umysł nie jest spokojny? Chyba że dla ciebie wyciszenie i opanowanie podczas zajadania się czekoladą i lodami to prawdziwy spokój?

Rozmówczyni (śmiejąc się): O nie, żartujesz sobie ze mnie.

Amma: Nie, córko, Amma mówi poważnie.

Rozmówczyni (w zamyśleniu): To nie jest ani spokój, ani szczęście. To jest tylko pewnego rodzaju ekscytacja lub fascynacja.

Amma: Czy tego rodzaju ekscytacja trwa długo?

Rozmówczyni: Nie, przychodzi i odchodzi.

Amma: Teraz powiedz Ammie, czy uczucie, które przychodzi i odchodzi, można nazwać prawdziwym bądź trwałym?

Rozmówczyni: Raczej nie.

Amma: Więc jak je nazwać?

Rozmówczyni: To, co przychodzi i odchodzi, zwykle nazywa się „tymczasowym" lub „przemijającym".

Amma: Skoro to powiedziałaś, pozwól Ammie zadać ci pytanie: Czy były takie chwile w twoim życiu, kiedy odczuwałaś spokój bez szczególnego powodu?

Rozmówczyni (po chwili namysłu): Tak, siedziałam sobie kiedyś w ogrodzie, patrząc na zachód słońca. Wypełniło to moje serce niesłychaną radością. W tej tak pięknej chwili po prostu znalazłam się w stanie, gdzie wszystkie myśli odeszły i przepełniła mnie niesamowita radość i spokój. Napisałam nawet wiersz opisujący to doświadczenie, starając się odtworzyć ten moment.

Amma: To jest odpowiedź na twoje pytanie, córko. Spokój nadchodzi, gdy umysł jest nieporuszony, bez wielu myśli. Mniej myśli oznacza więcej spokoju, więcej myśli – mniej spokoju. Spokój i szczęście bez powodu to prawdziwy spokój i szczęście.

Spokój i szczęście są synonimami. Im bardziej jesteś otwarta, tym więcej spokoju lub szczęścia odczuwasz, i na odwrót. Jeśli nie panujemy do pewnego stopnia nad umysłem, trudno nam będzie osiągnąć prawdziwy spokój.

Odnalezienie spokoju wewnętrznego to sposób na znalezienie spokoju na zewnątrz. Wewnętrzne i zewnętrzne starania powinny iść ze sobą w parze.

Rozmówczyni: Jak opisujesz spokój z duchowego punktu widzenia, Ammo?

Amma: Nie ma różnicy pomiędzy spokojem duchowym a ziemskim. Miłość jest jedna i tak samo jest ze spokojem. To prawda, że istnieje różnica w poziomie, a to zależy od tego, jak daleko sięgasz w głąb siebie. Jeżeli umysł jest jeziorem, to myśli są falami na jego powierzchni. Każda myśl lub poruszenie jest niczym kamień wrzucony do jeziora, tworzący niezliczoną ilość fal. A medytujący umysł będzie niczym kwiat lotosu pływający na powierzchni. Fale myślowe nadal tam będą, ale lotos będzie pływał nieporuszony.

„Zostaw mnie w spokoju! Chcę być sama" – to słowa często wypowiadane podczas sprzeczki lub gdy ma się dosyć danej osoby bądź sytuacji. Ale czy to jest możliwe? Nawet gdy zostawimy tę osobę samą, nie doświadczy ona pożądanego spokoju ani nie będzie całkiem sama. Za zamkniętymi drzwiami będzie siedzieć i rozmyślać o tym, co się wydarzyło, i nadal gotować się w środku. Wciąż będzie przebywał w świecie niepokojących myśli. Prawdziwy spokój to głębokie uczucie ogarniające serce, gdy jesteśmy wolni od myśli z przeszłości.

Spokój nie jest przeciwieństwem poruszenia umysłu, jest jego brakiem. Jest to stan kompletnego relaksu i odprężenia.

Najważniejsza lekcja w życiu

Rozmówca: Jaka jest najważniejsza lekcja, której człowiek powinien się nauczyć w swoim życiu?

Amma: Angażowanie się w świecie z nastawieniem wolnym od przywiązania.

Rozmówca: Jak angażowanie się i brak przywiązania mogą iść w parze?

Amma: Zaangażuj się w coś i zostaw to, jak chcesz – zrób coś, a potem to puść i idź do przodu… ponownie zadziałaj, potem to zostaw i idź dalej naprzód. Dodatkowy bagaż sprawi, że podróż będzie uciążliwa, prawda? Podobnie, dodatkowy bagaż nieprzemyślanych marzeń, pragnień i więzi sprawi, że twoja podróż przez życie będzie niezmierną udręką.

Nawet wielcy cesarze, dyktatorzy i władcy cierpią pod koniec życia przez ten dodatkowy bagaż. Jedynie sztuka nie-przywiązania pomoże ci wtedy utrzymać spokój umysłu.

Aleksander Wielki był wspaniałym wojownikiem i władcą, który podbił blisko jedną trzecią świata. Miał zamiar zostać cesarzem całego świata, lecz został pokonany w bitwie i padł ofiarą śmiertelnej choroby. Kilka dni przed śmiercią Aleksander wezwał swoich ministrów i powiedział, jak chce być pochowany. Chciał, aby po obu stronach trumny zrobiono otwory, przez które wystawałyby jego ramiona z dłońmi otwartymi do góry. Ministrowie zapytali, dlaczego daje im takie polecenie. Aleksander odparł, że dzięki temu wszyscy zobaczą, jak Aleksander Wielki, który przez całe swoje życie usiłował podbić świat i nim zawładnąć, opuszcza go z pustymi rękoma. Nawet własnego ciała nie jest w stanie ze sobą zabrać. Dzięki temu zrozumieją, jak pozbawione sensu jest uganianie się przez całe życie za światem i jego wytworami.

Przecież na koniec i tak niczego nie możemy ze sobą zabrać, nawet własnego ciała. Jaki jest więc pożytek z nadmiernego przywiązywania się do świata?

Sztuka i muzyka

Rozmówca: Ammo, jako artysta muzyk chciałbym wiedzieć, z jakim nastawieniem powinienem podchodzić do swojego zawodu i pełniej wyrażać swój talent?

Amma: Sztuka to piękno Boga ukazane w formie muzyki, obrazu czy tańca. Jest to jeden z najłatwiejszych sposobów realizacji własnej wrodzonej boskości.

Wielu świętych znalazło Boga przez muzykę. Więc jesteś szczególnie błogosławiony, będąc muzykiem. Jeśli chodzi o twoje nastawienie do zawodu, miej postawę początkującego – dziecka przed obliczem Boga, przed boskością. Da ci to możliwość czerpania ze źródła nieskończonych możliwości twojego umysłu. A to z kolei w głębszy sposób pomoże ci przejawić coraz więcej muzycznych talentów.

Rozmówca: Ale jak stać się dzieckiem, początkującym, Ammo?

Amma: Stajesz się nowicjuszem przez samo zaakceptowanie i uzmysłowienie sobie własnej niewiedzy.

Rozmówca: Rozumiem, lecz nie jestem kompletnym ignorantem. Jestem wykształconym muzykiem.

Amma: Od jak dawna się kształcisz?

Rozmówca: Studiowałem muzykę przez sześć lat, a od czternastu lat występuję na scenie.

Amma: Jak rozległa jest przestrzeń?

Rozmówca (trochę zdziwiony): Nie rozumiem Twojego pytania.

Amma (z uśmiechem na twarzy): Nie rozumiesz pytania, ponieważ nie rozumiesz przestrzeni. Czyż tak nie jest?

Rozmówca (wzruszając ramionami): Może.

Amma: Może?

Rozmówca: Ale jaki jest związek pomiędzy moją kwestią a Twoim pytaniem o rozległość przestrzeni?

Amma: Związek istnieje. Czysta muzyka jest tak obszerna jak przestrzeń. To Bóg, to czysta wiedza. Sekret tkwi w tym, aby pozwolić na przepływ czystego dźwięku wszechświata przez samego siebie. Nie można nauczyć się muzyki w ciągu dwudziestu lat. Może śpiewasz od dwudziestu lat, lecz aby prawdziwie zrozumieć muzykę, musisz sobie ją uświadomić jako własną Jaźń. W tym celu musisz pozwolić, aby muzyka całkowicie tobą zawładnęła. Aby muzyka w pełni zagościła w twoim sercu, musisz stworzyć więcej przestrzeni w głębi siebie. Im więcej myśli, tym mniej przestrzeni. Zastanów się teraz nad tym: „Ile mam przestrzeni w głębi siebie dla czystej muzyki?".

Jeśli naprawdę chcesz coraz pełniej wyrażać swój talent muzyczny, ogranicz ilość niepotrzebnych myśli, aby dzięki większej przestrzeni energia muzyki płynęła wewnątrz ciebie.

Fontanna miłości

Rozmówca: Wspominasz, Ammo, o czystej i niewinnej miłości. W jaki sposób można nauczyć się tak kochać?

Amma: Możesz nauczyć się tylko tego, co jest ci obce, a miłość jest twoją prawdziwą naturą. W twoim wnętrzu znajduje się fontanna miłości. Połącz się ze źródłem w odpowiedni sposób, a wtedy *śakti* boskiej miłości wypełni twoje serce, nieskończenie rozprzestrzeniając się w tobie. Nie możesz sprawić, żeby to się stało, możesz jedynie stworzyć w sobie właściwe nastawienie, by to się wydarzyło.

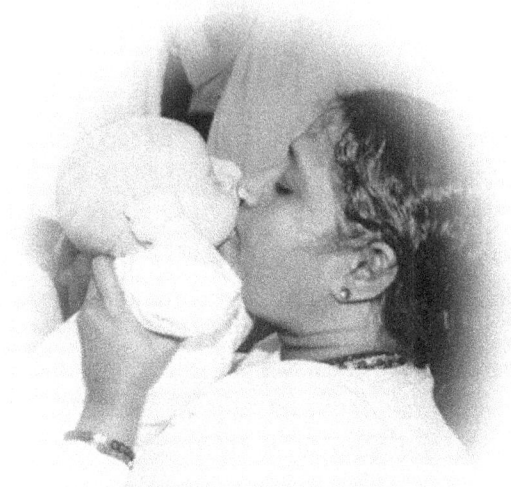

Dlaczego obejmujesz?

Rozmówca: Ammo, Ty obejmujesz wszystkich. A kto Ciebie obejmuje?

Amma: Całe stworzenie obejmuje Ammę. W rzeczywistości, Amma jest w odwiecznych objęciach ze stworzeniem.

Rozmówca: Dlaczego obejmujesz ludzi, Ammo?

Amma: To tak, jakbyś zapytał rzekę, dlaczego płynie.

Co chwilę drogocenna lekcja

O dbywał się poranny *darśan*. Amma właśnie skończyła odpowiadać na pytania Swoich dzieci – kolejka była długa. Z uczuciem ulgi już zamierzałem zrobić sobie przerwę, gdy podszedł do mnie jeden z uczniów i wręczył mi liścik. Było to jeszcze jedno pytanie. Szczerze mówiąc, byłem trochę zirytowany, mimo to wziąłem kartkę, pytając: „Czy nie możesz poczekać do jutra? Skończyliśmy na dzisiaj".

„To jest ważne. Mógłbyś zapytać teraz?" – odrzekł. Pomyślałem, chociaż mogła to być moja wyobraźnia, że nalegał.

„Czy muszę ci to powtarzać?" – odparłem.

Mężczyzna nie poddawał się. „Nie jesteś do tego zobowiązany, ale dlaczego nie mógłbyś zapytać Ammy? Może Ona odpowie na moje pytanie?".

Wtedy po prostu go zignorowałem i spojrzałem w innym kierunku. Amma dawała *darśan*. Nasz spór odbywał się za Jej plecami. Obydwaj rozmawialiśmy cicho, ale dość stanowczo.

Nagle Amma odwróciła się do mnie i zapytała: „Jesteś zmęczony? Śpiący? Jadłeś już?". Byłem oszołomiony i jednocześnie zawstydzony, ponieważ Amma słyszała naszą rozmowę. Tak naprawdę, zachowałem się nierozsądnie. Powinienem był wiedzieć, że mimo iż Amma dawała *darśan*, a my rozmawialiśmy szeptem, Jej oczy, uszy i całe Jej ciało widzi, słyszy i wyczuwa wszystko.

Amma kontynuowała: „Jeśli jesteś zmęczony, zrób sobie przerwę, ale najpierw przyjmij jego pytanie. Naucz się uwzględniać potrzeby innych. Nie przywiązuj się do tego, co ty uważasz za stosowne".

Przeprosiłem mężczyznę i przeczytałem na głos jego pytanie. Amma z miłością odniosła się do jego problemu i mężczyzna odszedł zadowolony. Rzeczywiście, tak jak mówił, to pytanie było ważne.

Gdy odszedł, Amma powiedziała: „Mój synu, gdy reagujesz na kogoś impulsywnie, to nie masz racji i najprawdopodobniej słuszność jest po stronie tej drugiej osoby. Ten, kto jest w lepszym stanie umysłu, jaśniej postrzega sytuację. Impulsywne reagowanie zaślepia. Takie nastawienie nie pozwala ci dostrzegać innych ani brać pod uwagę ich uczuć.

Zamiast natychmiast reagować na jakieś zdarzenie, może mógłbyś zatrzymać się na moment i powiedzieć tej drugiej osobie: 'Chwileczkę, niech pomyślę, zanim odpowiem. Pozwól, że się zastanowię nad tym, co powiedziałeś. Może ty masz rację, a ja się mylę?' Jeśli masz odwagę to powiedzieć, to przynajmniej uwzględniasz uczucia innych. To zapobiegnie powstaniu wielu niemiłych sytuacji w przyszłości".

Byłem świadkiem kolejnej bezcennej rady Wielkiego Mistrza. Dostałem lekcję pokory.

Jak zrozumieć oświeconą istotę

Rozmówca: Czy można ogarnąć *Mahatmę* rozumem?

Amma: Zacznijmy od tego, że *Mahatma* jest niepojęty. Można Go czy Jej jedynie doświadczyć. Umysł, z istoty pełen wahań i wątpliwości, nie jest w stanie doświadczyć prawdziwej natury rzeczy, nawet jeśli chodzi o rzeczy doczesne. Na przykład, gdy chcesz w pełni doświadczyć kwiatu, umysł wyłącza się na moment i zaczyna funkcjonować coś poza umysłem.

Rozmówca: Ammo, powiedziałaś, że „umysł wyłącza się na moment i zaczyna funkcjonować coś poza umysłem". Co to jest?

Amma: Nazwij to sercem, lecz tak naprawdę, jest to stan chwilowej głębokiej ciszy – spokoju umysłu, przerwy w nieustannym przepływie myśli.

Rozmówca: Ammo, co masz na myśli, mówiąc „umysł"? Czy są to tylko myśli, czy coś więcej?

Amma: Umysł zawiera w sobie pamięć, która jest magazynem przeszłości, myślenia, wątpienia, interpretowania i poczucia „ja".

Rozmówca: A co z emocjami?

Amma: One też są częścią umysłu.

Rozmówca: Dobrze, więc gdy twierdzisz, że *Mahatma* jest niepojęty dla umysłu, to chcesz przez to powiedzieć, że ten skomplikowany mechanizm nie jest zdolny do ogarnięcia stanu, w jakim *Mahatma* jest utwierdzony?

Amma: Tak. Ludzki umysł jest zbyt nieprzewidywalny i podstępny. Poszukiwacz prawdy musi wiedzieć, że nie jest w stanie rozpoznać *Satguru*. Nie istnieje na to żadne kryterium. Pijak rozpozna drugiego pijaka. Tak samo dwaj hazardziści rozumieją się nawzajem. Skąpiec rozpozna skąpego. Łączy ich ten sam rodzaj psychiki. Nie istnieje jednak podobne kryterium na rozpoznanie *Satguru*. Ani nasze oczy, ani nasz umysł nie są w stanie uchwycić doskonałej istoty. Do tego potrzebne jest specjalne przygotowanie. Jest nim *sadhana*. Jedynie nieustanna *sadhana* pomoże nam zdobyć taką moc, by przeniknąć i wejść pod powierzchnię umysłu. Wtedy będziesz miał do czynienia z niezliczoną ilością pokładów emocji i myśli. Aby przejść i pokonać te wszystkie złożone, zarówno prymitywne, jak i subtelne warstwy umysłu, potrzebne jest stałe przewodnictwo *Satguru*. Wnikanie w głębsze poziomy umysłu, przechodzenie przez jego różne pokłady oraz pomyślne wychodzenie z nich znane jest jako *tapasja*. To, włącznie z ostateczną transcendencją, jest możliwe tylko dzięki bezwarunkowej łasce *Satguru*.

Umysł jest zawsze pełen oczekiwań. Samo jego istnienie opiera się na oczekiwaniach. Jednak *Mahatma* jego oczekiwaniom i pragnieniom nie zadośćuczyni. Aby doświadczyć czystej świadomości Mistrza, trzeba pozbyć się tej natury umysłu.

Amma, niewyczerpana energia

Rozmówca: Czy masz czasem ochotę zakończyć swą pracę, Ammo?

Amma: To, czym Amma się zajmuje, nie jest pracą, lecz uwielbieniem. W uwielbieniu istnieje jedynie czysta miłość. Dlatego to żaden trud. Amma wielbi Swoje dzieci jako Boga. Dzieci, dla Ammy wszyscy jesteście Bogiem.

Miłość nie jest skomplikowana. Jest prosta, spontaniczna i jest naszą prawdziwą naturą. Zatem to żaden wysiłek. Dla Ammy osobiste obejmowanie Swoich dzieci to najprostszy sposób wyrażania miłości do nich i do całego stworzenia. Praca męczy i zabiera energię, natomiast miłość nigdy nie może męczyć ani nudzić. Wręcz przeciwnie, nieustannie wypełnia serce coraz większym zasobem energii. Czysta miłość daje lekkość motyla. Nie czujesz ciężaru ani brzemienia. To ego stwarza brzemię.

Słońce nigdy nie przestaje świecić, wiatr cały czas wieje, rzeka nieustannie płynie. Nie mówią: „Dosyć, wystarczy! Robię to samo od wieków, czas na zmianę", gdyż nie są w stanie przestać. Będą to robić tak długo, jak istnieje świat, gdyż taka jest ich natura. Podobnie, Amma nie potrafi przestać darzyć Swoich dzieci miłością, gdyż nigdy nie nudzi się miłowaniem ich.

Nuda przychodzi, kiedy nie ma miłości. Wtedy stale chcesz jakiejś zmiany, zmiany miejsca, jednej rzeczy na drugą. Tam, gdzie jest miłość, nic nie staje się ani stare ani nudne. Wszystko pozostaje wiecznie nowe i świeże. Dla Ammy chwila obecna jest o wiele ważniejsza od tego, co trzeba zrobić jutro.

Rozmówca: Czy to znaczy, że będziesz kontynuowała dawanie *darśanu* w nadchodzących latach?

Amma: Tak długo, jak te dłonie będą w stanie sięgnąć tych, którzy do Niej przyjdą, i tak długo, jak starczy sił i energii, aby objąć płaczących, dać im czułość i wytrzeć ich łzy, Amma będzie udzielała *darśanu*. Dawanie ludziom czułości, otuchy i wycieranie ich łez, aż do ostatnich dni tego śmiertelnego ciała, jest życzeniem Ammy.

Amma udziela *darśanu* przez ostatnie 35 lat[4]. Dzięki łasce *Paramatmana* [Najwyższej Duszy] nie była do tej pory zmuszona do odwołania ani jednego *darśanu* lub programu z powodu fizycznej dolegliwości. Amma nie martwi się o następną chwilę. Miłość jest w chwili obecnej, szczęście jest w chwili obecnej, Bóg jest w chwili obecnej i oświecenie również jest tu i teraz. Po co więc martwić się niepotrzebnie, co będzie jutro? To, co dzieje się teraz, jest o wiele ważniejsze niż to, co wydarzy się później. Gdy chwila obecna jest tak piękna i pełna, po co niepokoić się przyszłością? Niech przyszłość sama wyłoni się z teraźniejszości.

---

[4] Według daty pierwszego wydania – 2003.

Odnalezienie zaginionego syna

D r Jaggu jest mieszkańcem *aśramu* [wspólnoty duchowej]
Ammy w Indiach. Ostatnio jego rodzina dała mu środki
na podróż z Ammą po Europie. Zanim otrzymał wizę,
Amma wraz z grupą podróżujących opuściła Indie. Mimo to
byliśmy szczęśliwi, że dr Jaggu przyłączy się do nas w Antwerpii
na północy Belgii.

Była to pierwsza podróż dr Jaggu poza granice Indii. Nigdy
wcześniej nie leciał samolotem, więc zawczasu poczyniliśmy kroki,
aby został odebrany z lotniska. W dniu jego przylotu kilka osób
z grupy czekało na niego w samochodzie przy lotnisku, lecz dr
Jaggu nie pojawił się. Władze lotniska potwierdziły, że pasażer
o nazwisku Jaggu był na pokładzie samolotu lecącego z Londynu
i że wylądował około godziny 16 na międzynarodowym lotnisku
w Brukseli. Od czasu lądowania minęły już cztery godziny, jednak
nie było żadnej informacji o dr Jaggu.

Wraz z pracownikami portu lotniczego miejscowi uczniowie
Ammy dokładnie przeszukali całe lotnisko. Głośniki kilkakrotnie
ogłaszały nazwisko Jaggu. Nie było żadnej odpowiedzi, ślad po
doktorze zaginął.

W końcu wszyscy byli zmuszeni pogodzić się z faktem, że dr
Jaggu gdzieś się zagubił – albo na gigantycznym lotnisku, albo
w centrum miasta, podczas próby dotarcia na program.

Tymczasem Amma siedziała w gronie Swoich uczniów i z błogim spokojem ćwiczyła śpiew nowych *bhadżanów* [pobożnych
pieśni]. Jako że wszyscy byliśmy trochę zmartwieni i zaniepo-
kojeni niespodziewanym zniknięciem dr Jaggu, w trakcie próby

poinformowałem o tym Ammę. Oczekiwałem od Niej czułych wyrazów matczynej troski, ale ku mojemu zdziwieniu, Amma odwróciła się i rzekła: „No, chodź, zaśpiewaj następną piosenkę".

Odebrałem to jako pozytywny znak. Widząc niewzruszony spokój Ammy, powiedziałem wszystkim: „Myślę, że dr Jaggu nic nie grozi, gdyż Amma jest taka spokojna. Jeśli byłby jakiś problem, to z pewnością byłaby zaniepokojona".

Kilka minut później przyszedł *Brahmaćari* Dajamrita i ogłosił: „Dr Jaggu właśnie pojawił się przy głównym wejściu". Niemal jednocześnie ujrzeliśmy dr Jaggu z szerokim uśmiechem na twarzy.

Z pełnej przygód opowieści dr Jaggu wynikło, że rzeczywiście się zgubił. Powiedział: „Gdy wyszedłem z lotniska, nikogo tam nie było. Nie wiedziałem, co mam robić. Pomimo lekkiego niepokoju miałem silną wiarę, że Amma wyśle po mnie kogoś, kto wyciągnie mnie z tej opresji. Całe szczęście, że miałem adres miejsca programu. Spotkałem parę, która zlitowała się nade mną i pomogła mi się tu dostać".

Amma powiedziała: „Amma doskonale wiedziała, że z tobą jest wszystko w porządku i że poradzisz sobie z dotarciem tutaj. Dlatego Amma była spokojna, gdy dowiedziała się o twoim zaginięciu".

Wieczorem zapytałem Ammę, skąd wiedziała, że dr Jaggu nic nie zagrażało. Odpowiedziała: „Amma po prostu wiedziała".

„Ale skąd?" – wzbudziło to moją ciekawość.

Amma na to: „Tak samo, jak widzisz własne odbicie w lustrze, Amma widziała, że nic mu nie grozi".

Zapytałem: „Czy widziałaś, jak dr Jaggu otrzymuje pomoc, czy to Ty zainspirowałaś tę parę, aby mu pomogła?". Amma nie powiedziała już nic więcej na ten temat, mimo moich kilkakrotnych prób.

Przemoc

Rozmówca: Ammo, czy przemoc i wojna mogą kiedykolwiek stać się sposobem na osiągnięcie pokoju?

Amma: Wojna nie jest środkiem do osiągania pokoju. To czysta prawda, którą odkryła przed nami historia. Zanim nie nastąpi przemiana ludzkiej świadomości, pokój będzie tylko odległym pragnieniem. Jedynie duchowe myślenie i życie przyniosą tę transformację. Dlatego przez prowadzenie wojen nie zdołamy nigdy niczego rozwiązać.

Pokój i przemoc to przeciwieństwa. Przemoc to reagowanie siłą, a nie odpowiedź. Taka reakcja wyzwala kolejne reakcje. To prosta logika. Amma słyszała o istniejącym kiedyś w Anglii szczególnym sposobie karania złodziei. Winowajca był prowadzony na główny plac, tam obnażany i chłostany przed tłumem ludzi. W ten sposób władze chciały zademonstrować ludności surowe konsekwencje popełniania przestępstw. Wkrótce jednak były zmuszone zmienić system, gdyż owe demonstracje okazały się wspaniałą okazją dla złodziei kieszonkowych. Korzystając ze sposobności, złodzieje plądrowali kieszenie publiczności zaabsorbowanej widowiskiem. Miejsce wymierzania kary stało się miejscem przestępstwa.

Rozmówca: Czy to znaczy, że nie powinno być w ogóle żadnych kar?

Amma: Ależ nie. Większość ludzi żyjących w świecie nie potrafi korzystać z przywileju wolności w sposób, który mógłby służyć społeczeństwu, więc pewna forma wzbudzania strachu – „Będziesz ukarany, jeśli nie podporządkujesz się prawu" – jest użyteczna. Jednak droga przemocy i wojen jako sposób na ustanowienie pokoju i harmonii nie przyniesie trwałych rezultatów. Powód jest prosty: przemoc rani uczucia i pozostawia głęboki uraz w psychice społeczeństwa, co później przejawia się wzmożoną agresją i konfliktem.

Rozmówca: Jakie jest więc rozwiązanie?

Amma: Rób wszystko, co możesz, by rozwijać własną świadomość. Tylko poszerzona świadomość jest zdolna do prawdziwego zrozumienia. Jedynie tacy ludzie będą w stanie zmienić poglądy ogółu. Dlatego duchowość jest tak ważna w dzisiejszym świecie.

Problemem jest ignorancja

Rozmówca: Czy istnieje jakaś różnica pomiędzy problemami ludzi w Indiach i na Zachodzie?

Amma: Z pozoru problemy ludzi w Indiach i na Zachodzie różnią się od siebie. Jednak podstawowy problem, z którego wywodzą się wszystkie inne problemy na całym świecie, jest jeden i ten sam. Jest nim ignorancja, niewiedza na temat *Atmana*, naszej prawdziwej natury.

Charakterystyczną cechą dzisiejszych czasów jest nadmierna troska o zabezpieczenie materialne i zbyt mało troski o ochronę duchową. Należy zmienić punkt widzenia. Amma nie twierdzi, że ludzie powinni przestać dbać o ciało i fizyczny byt. Nie, nie o to chodzi. Podstawowym problemem jest brak zrozumienia różnicy pomiędzy tym, co wieczne, a tym, co przemijające. Zbyt wielką wagę przywiązuje się do nietrwałego ciała, zapominając o wiecznym *Atmanie*. Należy zmienić to nastawienie.

Rozmówca: Czy widzisz jakiekolwiek możliwości zmian w naszym społeczeństwie?

Amma: Możliwości zawsze istnieją. Ważnym pytaniem jest, czy społeczeństwo i poszczególne jednostki chcą się zmienić.

W klasie szkolnej wszyscy uczniowie mają równe szanse. Jednak to, ile student się nauczy, zależy od jego gotowości do przyswajania wiedzy.

W dzisiejszych czasach każdy chce, aby najpierw zmienili się inni. Mało jest takich, którzy szczerze czują, że to oni sami muszą przejść zmianę. Zamiast oczekiwać, że najpierw powinni się zmienić inni, każdy powinien starać się zmienić samego siebie. Dopóki nie nastąpi transformacja w świecie wewnętrznym, rzeczy w świecie zewnętrznym pozostaną bez większych zmian.

Interpretacja pokory

Skierowane do ucznia, który zadał pytanie na temat pokory.

Amma: Zazwyczaj kiedy twierdzimy: „Ten człowiek jest pełen pokory", znaczy to: „Wsparł moje ego i pomógł mi utrzymać je nietknięte i niezranione. Chciałem, żeby coś dla mnie zrobił, i uczynił to bez żadnych sprzeciwów. Ale z niego pokorny człowiek". Takie jest prawdziwe znaczenie tego stwierdzenia. Jednak w przypadku gdy ten „pokorny człowiek" zakwestionuje nasze opinie, nawet gdy ma ku temu dobry powód, nasze zdanie o tej osobie ulega zmianie. W tym przypadku powiemy: „Wcale nie jest taki pokorny, jak myślałem". Oznacza to: „Zranił moje ego, więc wcale nie jest taki pokorny".

Czy jesteśmy wyjątkowi?

Dziennikarz: Ammo, czy uważasz, że ludzie w naszym kraju są wyjątkowi?

Amma: Dla Ammy cała ludzkość, całe stworzenie jest wyjątkowe, ponieważ boskość istnieje we wszystkich. Amma widzi tę boskość również tutaj, więc wszyscy jesteście wyjątkowi.

Pomoc Sobie a pomoc sobie

Rozmówca: Poradniki oraz przeróżne metody samopomocy stały się bardzo popularne wśród zachodniego społeczeństwa. Ammo, czy mogłabyś podzielić się z nami Swoimi przemyśleniami na ten temat?

Amma: Wszystko zależy od tego, jak interpretujemy samopomoc.

Rozmówca: Co masz na myśli?

Amma: Czy jest to pomaganie Sobie czy pomaganie sobie?

Rozmówca: A jaka jest różnica?

Amma: Prawdziwe pomaganie Sobie sprawia, że serce rozkwita, podczas gdy pomaganie sobie wzmacnia ego.

Rozmówca: Więc co nam radzisz, Ammo?

Amma: Zaakceptuj Prawdę.

Rozmówca: Nie rozumiem.

Amma: To z powodu ego, które nie pozwala ci przyjąć Prawdy ani zrozumieć czegokolwiek we właściwy sposób.

Rozmówca: Jak mam rozpoznać Prawdę?

Amma: Aby dostrzec Prawdę, najpierw należy dostrzec fałsz.

Rozmówca: Czy ego jest naprawdę iluzją?

Amma: Czy zaakceptujesz to, gdy dostaniesz od Ammy potwierdzenie?

Rozmówca: *Hmm…*jeśli tego chcesz.

Amma (śmiejąc się): Jeśli *Amma* tego chce? Chodzi o to, czy *ty* chcesz usłyszeć i przyjąć Prawdę.

Rozmówca: Tak, chcę usłyszeć i przyjąć Prawdę.

Amma: Zatem Prawda to Bóg.

Rozmówca: Znaczyłoby to, że ego jest nierealne, prawda?

Amma: Ego jest nierealne. Jest tkwiącym w tobie problemem.

Rozmówca: Czy to znaczy, że wszyscy wszędzie nosimy ze sobą ten problem?

Amma: Tak, ludzie są chodzącymi problemami.

Rozmówca: Jaki jest zatem następny krok?

Amma: Jeżeli chcesz wzmocnić swoje ego, to pomóż sobie stać się silniejszym. Jednak gdy chcesz pomóc Sobie, szukaj Bożego wsparcia.

Rozmówca: Wielu ludzi boi się stracić swoje ego. Myślą, że jest ono podstawą ich istnienia w świecie.

Amma: Jeżeli rzeczywiście chcesz Bożego wsparcia w odkryciu swojego Prawdziwego Ja, to nie musisz obawiać się utraty swojego ego, małego ja.

Rozmówca: Ale poprzez wzmacnianie ego odnosimy materialne korzyści, które są namacalne i których doświadczamy od razu. Natomiast w przypadku utraty ego doświadczenie nie jest tak bezpośrednie i natychmiastowe.

Amma: Dlatego wiara jest tak ważna na drodze do Najwyższej Jaźni. Aby wszystko prawidłowo się odbywało i dawało dobre rezultaty, należy nawiązać odpowiednią łączność i czerpać z właściwych źródeł. W przypadku duchowości, punkt kontaktu i źródło są wewnątrz. Dotknij tego punktu, a wtedy twoje doświadczenie będzie bezpośrednie i natychmiastowe.

Ego to tylko malutki płomień

Amma: Ego jest bardzo małym płomykiem, który w każdej chwili może zostać ugaszony.

Rozmówca: Jakbyś opisała ego w tym kontekście?

Amma: Wszystko, co gromadzicie – imię, sława, bogactwo, władza, pozycja – podsycają jedynie mały płomień ego, który może zostać zdmuchnięty w każdej chwili. Nawet ciało i umysł są częścią ego. Wszystkie one są nietrwałe z natury, dlatego też są częścią tego mało znaczącego płomienia.

Rozmówca: Ammo, ale to są ważne sprawy w życiu przeciętnego człowieka.

Amma: Owszem, są ważne, ale to nie znaczy, że są trwałe. Są mało istotne, gdyż przemijają. Możesz je stracić w każdej chwili. Czas zabierze je bez ostrzeżenia. Można z nich korzystać i czerpać z nich radość, ale uważać je za trwałe to błąd. Innymi słowy: zrozum, że przemijają, i nie bądź zbyt dumny z ich posiadania.

Budowanie wewnętrznych więzi z tym, co wieczne i niezmienne, z Bogiem lub własną Jaźnią, jest najważniejszą sprawą w życiu. Bóg jest źródłem, prawdziwym centrum twojego życia i istnienia. Wszystko inne to peryferie. Prawdziwie pomożemy Sobie tylko wtedy, gdy nawiążemy więź z Bogiem, prawdziwym *bindu* [centrum], a nie z peryferiami.

Rozmówca: Ammo, czy zyskujemy cokolwiek poprzez wygaszenie

tego nikłego płomyka ego? Czy wręcz przeciwnie, możemy stracić swoją tożsamość jako jednostka?

Amma: Oczywiście, poprzez wygaszenie tego znikomego płomienia ego stracisz swoją tożsamość jako mała, ograniczona jednostka. Jest to jednak absolutnie niczym wobec tego, co zyskasz przez tę pozorną stratę – słońce, światło czystej wiedzy, którego nie da się ugasić. Ponadto, tracąc tożsamość małego, ograniczonego ja, staniesz się jednością z Wszechpotężnym, z wszechświatem, z Absolutną Świadomością. Aby to doświadczenie się ziściło, potrzebujesz stałego przewodnictwa *Satguru*.

Rozmówca: Utrata tożsamości! Czy nie jest to strasznym doświadczeniem?

Amma: To tylko utrata małego ja. Prawdziwego Ja nie można utracić nigdy. Jest to straszne dla ciebie, gdyż niebywale się utożsamiłeś z własnym ego. Im większe ego, tym bardziej jesteś przestraszony i podatny na zranienia.

Wiadomości

Dziennikarz: Jaką masz opinię na temat wiadomości oraz mediów informacyjnych, Ammo?

Amma: Bardzo dobrą, jeśli wywiązują się z obowiązków wobec społeczeństwa szczerze i uczciwie. Wykonują wtedy wielką służbę dla ludzkości.

Amma słyszała taką historię: Grupę mężczyzn wysłano na rok do pracy w lesie. Dwie kobiety zostały zatrudnione w kuchni, aby dla nich gotowały. Pod koniec kontraktu dwóch pracowników z grupy poślubiło te dwie kobiety. Następnego dnia w gazecie opublikowano gorącą wiadomość: „Dwa procent mężczyzn żeni się ze stu procentami kobiet".

Dziennikarzowi podobała się ta historia i miał z niej dużo zabawy.

Amma: Taka wiadomość jest dobra jako żart, a nie rzetelny reportaż.

Czekoladka i trzecie oko

Pewien uczeń zasypiał podczas medytacji, więc Amma rzuciła w niego czekoladką. Amma doskonale trafia w cel. Czekoladka uderzyła mężczyznę dokładnie w miejsce pomiędzy brwiami. Zaskoczony ocknął się i otworzył oczy. Z czekoladką w dłoni rozglądał się dookoła, zastanawiając się, skąd się wzięła. Na widok jego zakłopotania Amma wybuchnęła śmiechem. Twarz mężczyzny rozpromieniła się nagle, gdy uświadomił sobie, że to Amma była sprawczynią. Okazał szacunek przez dotknięcie czekoladki do czoła. Po chwili roześmiał się, wstał i podszedł do Ammy.

Rozmówca: Czekoladka uderzyła we właściwe miejsce, w duchowe centrum pomiędzy brwiami. Może to pomoże otworzyć moje trzecie oko.

Amma: Nie pomoże.

Rozmówca: Dlaczego?

Amma: Powiedziałeś „może". To znaczy, że masz wątpliwości. Twoja wiara nie jest pełna. Jak to ma się stać, skoro w to nie wierzysz?

Rozmówca: Więc twierdzisz, że to by się stało, gdybym miał pełną wiarę?

Amma: Tak. Jeśli masz całkowitą wiarę, urzeczywistnienie może nastąpić w dowolnym czasie i miejscu.

Rozmówca: Mówisz poważnie?

Amma: Tak, oczywiście.

Rozmówca: O, Moj Boże… straciłem wspaniałą okazję!

Amma: Nie martw się, bądź czujny i obecny. Okazje jeszcze nadejdą. Bądź cierpliwy i nie ustawaj w staraniach.

Z rozczarowaniem na twarzy, mężczyzna odwrócił się, aby pójść na swoje miejsce.

Amma (poklepując go po plecach): Przy okazji, dlaczego tak głośno się zaśmiałeś?

Słysząc to pytanie, mężczyzna ponownie wybuchnął śmiechem.

Rozmówca: Kiedy drzemałem podczas medytacji, miałem wspaniały sen. Śniło mi się, że rzucasz we mnie czekoladką, aby mnie obudzić. Nagle ocknąłem się, ale minęło trochę czasu, zanim uświadomiłem sobie, że rzeczywiście to zrobiłaś.

Amma i wszyscy wokół wybuchnęli śmiechem.

Natura oświecenia

Rozmówca: Czy jest coś, co Cię szczególnie martwi lub cieszy?

Amma: Na zewnątrz Amma martwi się o dobro Swoich dzieci. Aby pomóc im w rozwoju duchowym, czasami może okazać Swoje zadowolenie lub gniew. Jednak wewnątrz Amma pozostaje nieporuszona i zdystansowana, trwając w stanie nieustannej błogości i pokoju. Mając pełny wgląd, nie podlega wpływowi niczego, co dzieje się na zewnątrz.

Rozmówca: Najwyższy stan trwania w Jaźni opisywany jest wieloma przymiotnikami. Na przykład: niezachwiany, stabilny, nieporuszony, niezmienny. Sprawia wrażenie czegoś niewzruszonego, jak skała. Ammo, proszę, pomóż mi to lepiej zrozumieć.

Amma: Słów tych użyto, aby wyrazić wewnętrzny stan nie--przywiązania, umiejętność obserwowania i bycia świadkiem wszystkiego – dystansu wobec wszystkich życiowych wydarzeń.

Jednak oświecenie nie jest stanem porównywalnym do skały, w którym człowiek zatraca wewnętrzne uczucia. Jest to stan umysłu, duchowe dostąpienie, w które można się wycofać i zatopić, kiedykolwiek się tego pragnie. Wraz z połączeniem się z bezkresnym źródłem energii umiejętność odczuwania i wyrażania się zyskuje wyjątkowe, nieziemskie piękno i głębię. Oświecona osoba jest w stanie wyrazić uczucia o takiej intensywności, jakiej tylko pragnie.

Śri Rama płakał, gdy demoniczny król *Rawana* porwał

jego świętą małżonkę *Sitę*. Lamentując jak zwykły śmiertelnik, wypytywał każde leśne stworzenie: „Widziałeś moją *Sitę*? Gdzie ona poszła, zostawiając mnie samego?". Natomiast *Kryszna* miał oczy pełne łez, gdy po długim czasie zobaczył drogiego mu przyjaciela Sudama. Podobne przypadki wydarzyły się również w życiu Chrystusa i Buddy. Ci *Mahatmowie* byli jak bezkresna przestrzeń i dlatego potrafili wyrazić każde uczucie, jakie chcieli. Odzwierciedlali zamiast reagować.

Rozmówca: Odzwierciedlali?

Amma: Niczym lustro, *Mahatmowie* odpowiadają na sytuacje z doskonałą spontanicznością. Jedzenie jest odpowiedzią na potrzebę, gdy jest się głodnym. Natomiast jedzenie wtedy, gdy oczy widzą pożywienie, jest reakcją impulsywną. Jest to również chorobliwe. *Mahatmowie* odpowiadają na poszczególne sytuacje, pozostając niepodatni na ich wpływy, po czym żyją kolejną chwilą.

Odczuwanie i wyrażanie uczuć oraz szczere dzielenie się nimi bez żadnej rezerwy tylko dodaje splendoru i chwały oświeconej istocie. Błędne jest postrzeganie tego jako słabości. Należy odbierać to raczej jako bardziej ludzki przejaw współczucia i miłości. W przeciwnym razie, jak przeciętni ludzie mogliby pojąć tę troskę i miłość?

Prawdziwy Widzący

Rozmówca: Ammo, co uniemożliwia nam doświadczanie Boga?

Amma: Poczucie odrębności.

Rozmówca: W jaki sposób możemy je usunąć?

Amma: Poprzez stawanie się coraz bardziej obecnym i świadomym.

Rozmówca: Świadomym czego?

Amma: Wszystkiego, co dzieje się w tobie samym i na zewnątrz.

Rozmówca: W jaki sposób można stać się bardziej obecnym?

Amma: Obecność pojawia się, w momencie gdy zrozumiemy, że wszystko, co nasz umysł projektuje, jest bez znaczenia.

Rozmówca: Ammo, święte pisma głoszą, że umysł jest bierny, a Ty twierdzisz, że umysł projektuje. Brzmi to jak sprzeczność. W jaki sposób nasz umysł może projektować, jeśli jest bierny?

Amma: Tak samo jak ludzie, a szczególnie dzieci, nakładają różne obrazy na bezkresne niebo. Patrząc w niebo, małe dzieci powiedzą: „Tam jest karoca, a tam diabeł. O, popatrz na tę buzię aniołka!". Coś w tym rodzaju. Czy to znaczy, że te formy rzeczywiście tam są? Nie, maluchy po prostu wyobrażają je sobie na rozległym niebie. W rzeczywistości, to obłoki przybierają różne kształty. Niebo, bezgraniczna przestrzeń, po prostu jest – a wszystkie nazwy i formy są na nie nakładane.

Rozmówca: Ale jeśli umysł jest bierny, to jak może coś nakładać, czy nawet przesłaniać *Atmana*?

Amma: Może się wydawać, że to umysł postrzega, ale prawdziwym obserwatorem jest *Atman*. Nagromadzone skłonności, z których składa się umysł, są jak okulary. Każdy człowiek nosi okulary innego koloru. Postrzegamy i oceniamy świat w zależności od ich barwy. Pod tymi okularami *Atman* trwa nieporuszony, jako świadek, po prostu rozświetla wszystko swoją obecnością. Lecz my błędnie uważamy umysł za *Atmana*. Powiedzmy, że mamy na nosie różowe okulary – czyż nie postrzegamy wtedy całego świata na różowo? Więc kto jest prawdziwym Widzącym? – „My" nim jesteśmy, a para okularów jest zaledwie biernym przedmiotem.

Gdy staniemy za drzewem, nie będziemy w stanie ujrzeć słońca. Czy znaczy to, że drzewo jest w stanie zakryć słońce? Nie, to jedynie ujawnia ograniczone możliwości naszych oczu i zdolności widzenia. Podobne jest z odczuciem, że umysł może zakryć *Atmana*.

Rozmówca: Skoro naszą naturą jest *Atman*, to dlaczego powinniśmy podejmować starania, aby go poznać?

Amma: Ludzie mają błędne przekonanie, że są w stanie osiągnąć wszystko własnym wysiłkiem. W rzeczywistości kryje się za tym nasza duma. W drodze do Boga wszystkie starania, które wywodzą się z ego, rozsypią się i skończą niepowodzeniem. To, tak naprawdę, jest boskim przesłaniem, przesłaniem o konieczności poddania się i potrzebie łaski. To, w końcu, pomoże nam uświadomić sobie ograniczenia własnego wysiłku, naszego ego. Krótko mówiąc, podejmowanie starań uczy nas, że wyłącznie własnym wysiłkiem nie jesteśmy w stanie osiągnąć naszych celów. Ostatecznie, to łaska jest decydującym czynnikiem.

Czy staramy się urzeczywistnić Boga, czy zaspokoić swoje ziemskie pragnienia, elementem spełniającym nasze dążenia jest łaska.

Niewinność jest boską śakti

Rozmówca: Czy osoba niewinna jest osobą z natury słabą?

Amma: „Niewinność" jest zwykle źle rozumiana. Tego słowa używa się nawet w odniesieniu do ludzi pasywnych i nieśmiałych. Niewinność przypisywana jest również ludziom żyjącym w niewiedzy i niedouczonym. Ale ignorancja to nie to samo, co niewinność. Ignorancja jest brakiem prawdziwej miłości, zdolności rozróżniania i zrozumienia, natomiast prawdziwa niewinność jest czystą miłością obdarzoną umiejętnością rozróżniania i zrozumienia. Jest boską *śakti*. Nawet w nieśmiałym z natury człowieku istnieje ego. Ktoś, kto jest autentycznie niewinny, jest prawdziwie wolny od ego. Dzięki temu jest niezrównanie mocnym człowiekiem.

Amma nie umie być inna

Amma (do uczennicy podczas *darśanu*): o czym myślisz?

Uczennica: Zastanawiam się, jak jesteś w stanie siedzieć tak całymi godzinami, bezgranicznie cierpliwa i promieniejąca.

Amma (śmiejąc się): Córko, jak to jest, że nieustannie rozmyślasz, bez chwili przerwy?

Uczennica: Po prostu, tak się dzieje. Nie umiem być inna.

Amma: Zatem, masz odpowiedź: po prostu, tak się dzieje, Amma nie umie być inna.

Tak, jak rozpoznanie swojej ukochanej

Pewien człowiek zadał Ammie pytanie, jaką postawę na ścieżce oddania powinien przyjąć wielbiciel wobec swojego umiłowanego bóstwa.

Amma: Miłość może się zdarzyć niezależnie od czasu i miejsca. Jest jak rozpoznanie ukochanej w tłumie. Ona stoi gdzieś w kącie, wokół są tysiące ludzi, lecz twoje oczy widzą tylko ją. Rozpoznajesz ją, nawiązujesz kontakt i zakochujesz się, czyż nie jest tak? Nie zastanawiasz się – myślenie zatrzymuje się i nagle, przez chwilę, jesteś w sercu. Trwasz w miłości. Podobnie jest na ścieżce duchowej. Wszystko odbywa się w ułamku sekundy. Jesteś tam, w głębi serca, gdzie znajduje się czysta miłość.

Rozmówca: Jeżeli jest to prawdziwe centrum miłości, to dlaczego oddalamy się od tego miejsca; co nas rozprasza?

Amma: Zaborczość, innymi słowy, przywiązanie. Zabija ono piękno tego czystego doznania. Jak już opęta cię przywiązanie, to zboczyłeś z drogi; miłość staje się wtedy udręką.

Poczucie odrębności

Rozmówca: Czy osiągnę stan *samadhi* w tym życiu?

Amma: Dlaczego nie?

Rozmówca: Zatem, co powinienem robić, aby to przyspieszyć?

Amma: Przede wszystkim zapomnij o *samadhi* i całkowicie, z pełną wiarą, skup się na swojej *sadhanie*. Prawdziwy *sadhaka* polega bardziej na teraźniejszości niż przyszłości. Gdy pokładamy wiarę w tu i teraz, to cały zasób naszej energii będzie również tu i teraz, czego rezultatem będzie poddanie. Poddaj się obecnej chwili i to nastąpi.

Kiedy zdystansujesz się od umysłu, wszystko odbędzie się spontanicznie. Wówczas całkowicie zagłębisz się w teraźniejszość. Umysł to ten „ktoś inny" w tobie. To umysł stwarza poczucie odrębności.

Amma opowie ci historię. Żył kiedyś sławny architekt. Miał paru uczniów, a z jednym z nich łączyła go nietypowa relacja. Nauczyciel nie przystąpił do realizacji żadnego projektu, dopóki nie otrzymał potwierdzenia od tego ucznia. Jeżeli uczeń nie zaakceptował jego rysunków czy szkiców, architekt je odrzucał. Rysował szkic za szkicem, dopóki nie uzyskał jego aprobaty. Miał wręcz obsesję na punkcie opinii swojego ucznia. Nie zrobił ani jednego kroku do przodu, zanim nie usłyszał: „Tak, proszę pana, teraz można realizować ten projekt".

Pewnego razu dostali propozycję zaprojektowania drzwi

świątyni. Architekt zabrał się do kreślenia szkiców. Jak zwykle, każdy z nich przedstawiał swojemu uczniowi. Ten nie zaakceptował żadnego z rysunków. Nauczyciel pracował dzień i noc, sporządzając setki nowych wzorów. Niestety, uczniowi żaden z nich nie przypadł do gustu. Czas uciekał, więc musieli się śpieszyć. W pewnym momencie zabrakło atramentu i projektant wysłał po niego swojego ucznia, który długo nie wracał. Podczas nieobecności asystenta architekt był pochłonięty pracą nad następnym szkicem. Gdy tamten się zjawił, nauczyciel właśnie skończył i zapytał: „Co ty na to?".

„Tak, to jest to!" – wykrzyknął podekscytowany uczeń.

„Teraz już wszystko rozumiem!" – odpowiedział architekt. „Wcześniej byłem uzależniony od twojej obecności i opinii. Z tego powodu nie mogłem w pełni zaangażować się w to, co robiłem. Kiedy ciebie nie było, byłem wolny, odprężony i oddany bieżącej chwili. Właśnie tak to się stało".

W istocie, to nie obecność ucznia była przeszkodą, lecz przywiązanie architekta do jego zdania. Gdy już zdołał się od tego zdystansować, nagle znalazł się w chwili obecnej i powstało prawdziwe dzieło.

Myślenie, że *samadhi* to coś, co wydarzy się w przyszłości, jest jak marzenie. Trwonisz w ten sposób ogromne zasoby *śakti*. Ukierunkuj tę boską energię odpowiednio. Wykorzystaj ją do koncentracji na chwili obecnej, a medytacja czy *samadhi* nastąpi w mgnieniu oka. Cel nie istnieje w przyszłości, lecz obecnie. Trwanie w chwili obecnej jest w istocie stanem *samadhi*, jak również prawdziwą medytacją.

Bóg jest mężczyzną czy kobietą?

Rozmówca: Bóg jest mężczyzną czy kobietą, Ammo?

Amma: Bóg to ani on, ani ona. Bóg jest ponad i poza tak ograniczającymi definicjami. Bóg jest „Tym" lub „Tam-tym". Ale jeśli masz potrzebę osobowego zdefiniowania Boga jako 'jego' lub 'ją', to lepiej powiedzieć *ona*, gdyż *ona* zawiera w sobie *on*.

Rozmówca: Ta odpowiedź może być irytująca dla mężczyzn, gdyż stawia kobiety wyżej.

Amma: Ani mężczyźni, ani kobiety nie powinni być stawiani wyżej, jako że Bóg dał im obojgu cudowne miejsce. Mężczyźni i kobiety nie zostali stworzeni po to, aby ze sobą współzawodni-czyć, lecz aby dopełniać się wzajemnie w życiu.

Rozmówca: Co to znaczy „dopełniać się wzajemnie"?

Amma: To znaczy wspierać się nawzajem i razem podążać ku doskonałości.

Rozmówca: Ammo, czy nie sądzisz, że wielu mężczyzn uważa się za lepszych od kobiet?

Amma: Zarówno poczucie „jestem lepszy", jak i „jestem gorszy" wywodzi się z ego. To, że ci mężczyźni uważają: „Jesteśmy lepsi od kobiet", jest przejawem ich nadmuchanego ego. Jest to z pewnością poważna słabość, jest to zarazem destrukcyjne. Podobnie, jeśli kobiety uważają, że są gorsze od mężczyzn, to po prostu znaczy: „Jesteśmy gorsze, podczas gdy chciałybyśmy być lepsze". Cóż to innego, jak nie ego? Obie te postawy są niewłaściwe i niezdrowe, przyczyniają się do pogłębienia przepaści pomiędzy mężczyznami i kobietami. Jeżeli nie zasypiemy tej przepaści przez okazywanie sobie nawzajem należytego szacunku i miłości, to przyszłość ludzkości stanie się bardziej mroczna.

Duchowość stwarza harmonię

Rozmówca: Ammo, gdy stwierdziłaś, że Bóg jest bardziej *nią* niż *nim*, nie miałaś na myśli wyglądu zewnętrznego, prawda?

Amma: Nie, nie chodzi tu o wygląd zewnętrzny. Ważne jest wewnętrzne urzeczywistnienie. Wewnątrz każdego mężczyzny mieści się kobieta i odwrotnie. Kobieta w mężczyźnie – czyli prawdziwa miłość i współczucie – powinna się przebudzić. W hinduizmie postać *Ardhanariśwara* [pół-boga i pół-bogini] jest właśnie tego symbolem. Jeżeli aspekt żeński jest w kobiecie uśpiony, to nie posiada ona cech matczynych i jest oddalona od Boga. A jeśli ten aspekt jest przebudzony w mężczyźnie, to bardziej przejawia on matczyne cechy i jest bliżej Boga. W równym stopniu odnosi się to również do aspektu męskiego. Głównym celem duchowości jest stworzenie odpowiedniej równowagi pomiędzy męskością a kobiecością w nas samych. Zatem, ważniejsze jest wewnętrzne przebudzenie świadomości niż zewnętrzny wygląd.

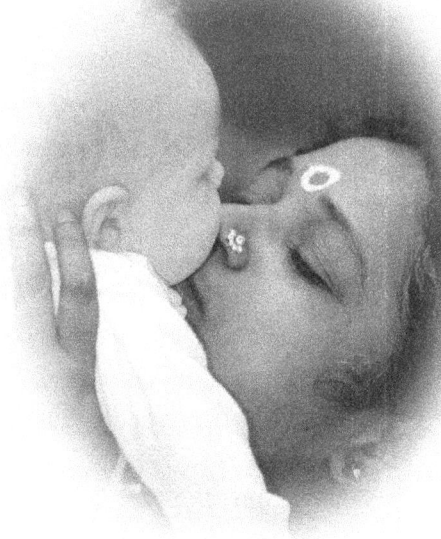

Przywiązanie a miłość

Mężczyzna w średnim wieku dzielił się z Ammą poczuciem *smutku po swoim rozwodzie.*

Rozmówca: Ammo, tak ją kochałem i robiłem wszystko, co było w mojej mocy, aby ją uszczęśliwić. Mimo to doszło do tej tragedii. Czasami czuję się zdruzgotany. Proszę, pomóż mi. Co mam robić? Jak pokonać ten ból?

Amma: Synu, Amma rozumie twój ból i cierpienie. Ciężko jest wyjść z tak przygnębiających sytuacji. Jednak ważne jest, aby właściwie zrozumieć, czego doświadczasz, szczególnie dlatego, że stanowi to główną przeszkodę w twoim życiu.

Najważniejsze jest, żebyś się zastanowił, czy ten smutek jest przejawem prawdziwej miłości, czy przywiązania. W prawdziwej miłości autodestrukcyjny ból nie istnieje, gdyż po prostu kochasz, a nie posiadasz. Prawdopodobnie, jesteś do niej albo za bardzo przywiązany, albo zbyt zaborczy. Stąd ten smutek i depresyjne myśli.

Rozmówca: Czy masz dla mnie prosty sposób na pokonanie tego cierpienia?

Amma: „Czy rzeczywiście kocham, czy jestem za bardzo przywiązany?". W głębi duszy zadaj sobie to pytanie i kontempluj je. Wkrótce zdasz sobie sprawę z tego, że miłość, jaką znamy obecnie, jest w rzeczywistości przywiązaniem. Większość ludzi pragnie przywiązania, nie prawdziwej miłości. Amma nazwałaby to iluzją. W pewnym sensie, oszukujemy samych siebie. Bierzemy przywiązanie za miłość. Miłość to centrum, a przywiązanie to peryferie. Bądź w centrum i odetnij się od peryferii. Wtedy ból cię opuści.

Rozmówca: Masz rację. Zdaję sobie teraz sprawę z tego, że – tak naprawdę - dominującym uczuciem, jakie żywię do mojej byłej małżonki, jest przywiązanie, a nie miłość.

Amma: Skoro uświadomiłeś sobie przyczynę bólu, to porzuć go i uwolnij się. Diagnoza została postawiona, zainfekowana część odnaleziona – teraz ją wytnij. Po co nosić ze sobą ten niepotrzebny ciężar? Po prostu go wyrzuć.

Jak zapobiec zagrożeniom życiowym

Rozmówca: Ammo, jak rozpoznać niebezpieczeństwa, które mogą nam zagrażać w życiu?

Amma: Poprzez zwiększenie mocy rozróżniania.

Rozmówca: Czy rozróżnianie jest tym samym, co subtelność umysłu?

Amma: Jest to zdolność umysłu do pozostawania czujnym w bieżącej chwili.

Rozmówca: Ale, Ammo, jak to ma mnie ostrzec przed nadchodzącymi niebezpieczeństwami?

Amma: Jeśli jesteś czujny w danej chwili, to mniej niebezpieczeństw spotka cię w przyszłości. Jednak nie da się uniknąć czy odwrócić wszystkich kłopotów.

Rozmówca: Czy *dźjotisz* [wedyjska astrologia] pomaga nam lepiej zrozumieć przyszłość i w związku z tym uniknąć potencjalnych niebezpieczeństw?

Amma: Nawet mistrzowie w tej dziedzinie przechodzą przez trudne okresy w życiu. Są również astrolodzy o słabej intuicji i mocy rozróżniania. Tacy ludzie narażają na niebezpieczeństwa nie tylko swoje własne życie, ale również życie innych. To nie wiedza o astrologii czy odczytywanie horoskopu pomaga trzymać się z daleka od życiowych zagrożeń. W rzeczywistości, to głębsze zrozumienie życia i wnikliwe podejście do różnych sytuacji pomaga nam zaznać więcej spokoju i mieć mniej problemów.

Rozmówca: Czy rozróżnianie i zrozumienie są tym samym?

Amma: Tak. Im bardziej wzmożona jest twoja zdolność rozróżniania, tym większe osiągniesz zrozumienie i odwrotnie.

Im bardziej zdolny jesteś do bycia obecnym, tym bardziej będziesz wyczulony na wszelkiego rodzaju znaki. Będziesz otrzymywał więcej boskich przesłań. Każdy moment jest ich zapowiedzią. Gdy jesteś otwarty i wrażliwy, możesz je odczuć.

Rozmówca: Ammo, czy chcesz powiedzieć, że te przesłania pomogą nam rozpoznać nadchodzące niebezpieczeństwa?

Amma: Tak, otrzymasz dzięki nim wskazówki i sygnały.

Rozmówca: Jakie wskazówki i sygnały?

Amma: Skąd wiesz, że nadchodzi migrena? Będziesz się źle czuł i przed oczami zaczną pojawiać ci się mroczki, prawda? Dzięki tym objawom weźmiesz odpowiednie leki, które ci pomogą. Podobnie, pewne sygnały pojawiają się w naszym życiu przed nadchodzącymi niepowodzeniami lub zagrożeniami. Ludzie zwykle je przegapiają. Jednak gdy posiadasz bardziej czysty i chłonny umysł, jesteś w stanie je odczuć i podjąć odpowiednie kroki, aby im zapobiec.

Amma słyszała następującą anegdotę: Dziennikarz przeprowadzał wywiad z bogatym biznesmenem. Zapytał go: „Proszę pana, jaki jest sekret pańskiego powodzenia?".

Biznesmen: „Dwa słowa".

Dziennikarz: „Co to za słowa?".

Biznesmen: „Odpowiednie decyzje".

Dziennikarz: „Jak podejmować odpowiednie decyzje?".

Biznesmen: „Jedno słowo".

Dziennikarz: „Jakie to słowo?".

Biznesmen: „Doświadczenie".

Dziennikarz: „A jak zdobyć doświadczenie?".

Biznesmen: „Dwa słowa".

Dziennikarz: „Czyli?".

Biznesmen: „Złe decyzje".

Synu, widzisz zatem, że wszystko zależy od tego, na ile akceptujesz, rozumiesz i poddajesz się sytuacjom.

Amma opowie ci jeszcze jedną historię. Zaproszeni przez *Judhiszthirę*, *Kaurawowie* odwiedzili *Indraprasthę*, królewską stolicę *Pandawów*[5]. Ich pałac był tak umiejętnie zaprojektowany, że niektóre miejsca sprawiały wrażenie pięknych jezior, gdy w rzeczywistości były jedynie podłogami. Były tam także miejsca, które sprawiały wrażenie podłóg, choć w rzeczywistości były basenami wypełnionymi wodą. Cały wystrój sprawiał surrealistyczne wrażenie. Gdy grupa stu braci z najstarszym *Kaurawą*, *Durjodhaną*, na czele przechodziła przez ten piękny ogród, niewiele brakowało,

---

[5] *Pandawowie* i *Kaurawowie* byli dwoma stronami walczącymi przeciw sobie w wojnie opisanej w *Mahabharacie*.

a rozebraliby się do kąpieli, myśląc, że przed nimi jest basen. Coś, co wyglądało na basen, okazało się jedynie zwyczajną podłogą. Niebawem wszyscy bracia włącznie z *Durjodhaną* wpadli do prawdziwego basenu, który na pozór wyglądał jak typowa podłoga, i całkowicie się przemoczyli. Na widok tej zabawnej sceny *Panczali*, żona pięciu braci *Pandawów*, wybuchnęła śmiechem. *Durjodhana* i jego bracia poczuli się tym wielce urażeni.

Było to jedno z kluczowych wydarzeń, które wzbudziły złość i chęć odwetu u braci *Kaurawów*, co w rezultacie doprowadziło do wojny opisanej w *Mahabharacie*, która zakończyła się potworną zagładą.

Historia ta ma wielkie znaczenie. W codziennym życiu również stajemy w obliczu wielu okoliczności, które na pierwszy rzut oka wydawać się mogą bardzo niebezpieczne. Gdy pojawiają się na naszej drodze, podejmujemy liczne kroki, aby im zapobiec. Ostatecznie jednak, mogą okazać się całkiem niegroźne. Z kolei na pozór bezpieczne sytuacje w rezultacie mogą być dość ryzykowne. Nic nie jest bez znaczenia. Dlatego ważne jest, abyśmy mieli *śraddhę* [wyostrzoną zdolność rozróżniania, czujność i uważność], konfrontując się z życiem i różnymi doświadczeniami, które ono przynosi.

Nie gromadź bogactwa Bożego

Rozmówca: Czy gromadzenie i posiadanie jest grzechem?

Amma: Nie jest to grzechem, jeżeli masz w sobie współczucie. Innymi słowy, musisz być gotowy na dzielenie się z biednymi i potrzebującymi.

Rozmówca: A jeżeli nie?

Amma: Jeżeli nie, to jest to grzechem.

Rozmówca: Dlaczego?

Amma: Ponieważ wszystko, co istnieje, należy do Boga. Posiadanie przez nas czegokolwiek jest tymczasowe; przychodzi i odchodzi.

Rozmówca: Czyż Bóg nie chce, abyśmy korzystali ze wszystkiego, co dla nas stworzył?

Amma: Oczywiście, ale Bóg nie chce, abyśmy używali tych dóbr w niewłaściwy sposób. Bóg chciałby również, abyśmy kierowali się zdolnością rozróżniania, kiedy cieszymy się wszystkim, co stworzył.

Rozmówca: Czym jest rozróżnianie?

Amma: Jest to korzystanie z wiedzy w taki sposób, aby cię nie zwodziła. Innymi słowy, jest to użycie wiedzy, aby móc rozróżnić *dharmę* od *adharmy* i to, co trwałe, od tego, co tymczasowe.

Rozmówca: Jak zatem rozważnie korzystać z dóbr doczesnych?

Amma: Nie czuj się właścicielem czegokolwiek – uznaj, że wszystko, co istnieje, należy do Boga, i ciesz się tym. Ten świat to tymczasowy przystanek. Jesteś tu gościem przez krótki czas. Przez swoją ignorancję dzielisz wszystko, każdy centymetr ziemi, na „twoje" i „ich". Ziemia, do której rościsz sobie prawa, należała wcześniej do wielu innych. Poprzedni właściciele są teraz w niej pochowani. Dzisiaj ty możesz odgrywać rolę właściciela, ale pamiętaj, któregoś dnia również odejdziesz. Wtedy znajdzie się następna osoba, która zajmie twoje miejsce. Więc czy roszczenie sobie praw do własności ma jakikolwiek sens?

Rozmówca: Jaką rolę mam tu odgrywać?

Amma: Bądź sługą Bożym. Bóg, który jest dawcą wszystkiego, chce, abyś dzielił się swoim bogactwem ze wszystkimi. Jeśli to jest wolą Boga, to za kogo się uważasz, chcąc zatrzymywać wszystko dla siebie? Jeśli wbrew Bożej woli odmawiasz dzielenia się z innymi, to jest to zagarnianie, które równa się kradzieży. Po prostu, przyjmij postawę gościa w tym świecie.

Pewien człowiek przyszedł odwiedzić *Mahatmę*. Nie widząc żadnych mebli ani dekoracji w jego domu, mężczyzna zapytał Wielką Duszę: „Dziwne, dlaczego tu nie ma żadnych mebli?".

„Kim jesteś?", zapytał *Mahatma*.

„Jestem gościem", odparł mężczyzna.

„Ja również", powiedział *Mahatma*. „Wiec po co miałbym nierozsądnie gromadzić jakiekolwiek rzeczy?".

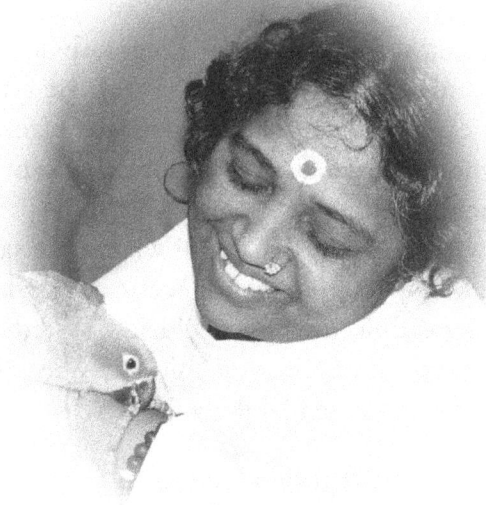

Amma i Przyroda

Rozmówca: Jaki jest Twój związek z Przyrodą?

Amma: Powiązanie Ammy z Przyrodą nie jest związkiem. Jest absolutną Jednością. Człowiek miłujący Boga miłuje również Naturę, ponieważ Bóg i Natura są nierozdzielne. Po osiągnięciu stanu oświecenia łączysz się z całym wszechświatem. W relacji Ammy z Przyrodą miłujący i umiłowany nie istnieją – istnieje jedynie miłość. Nie ma dwoistości – jest tylko jedność, tylko miłość.

Związkom zazwyczaj brakuje prawdziwej miłości. W przypadku zwykłej miłości w związkach występuje podział na dwoje, a nawet troje – osoba kochająca, ukochana oraz miłość. Jednak w prawdziwej miłości kochająca i ukochana osoba przestają istnieć, pozostaje jedynie nieustanne doznanie czystej, bezwarunkowej miłości.

Rozmówca: Czym jest Przyroda dla ludzkości?

Amma: Przyroda jest dla ludzkości życiem. Stanowi ona podstawową część naszego istnienia. To wzajemna relacja, która trwa w każdej chwili i dotyka każdego aspektu życia. Jesteśmy nie tylko całkowicie zależni od Natury, ale mamy wpływ na nią, a ona na nas. Jeśli rzeczywiście kochamy Przyrodę, ona odwzajemni się, otwierając przed nami swoje niekończące się zasoby. Tak jak wtedy, gdy prawdziwie kochamy drugą osobę, w miłości do Przyrody powinniśmy być bezgranicznie wierni, cierpliwi i współczujący.

Rozmówca: Czy ten związek jest wymianą, czy wzajemnym wsparciem?

Amma: Jednym i drugim, a nawet więcej. Przyroda bez ludzkości będzie nadal istnieć. Ona wie, jak o siebie zadbać. Jednak ludzkość, aby przeżyć, jest całkowicie zdana na Naturę.

Rozmówca: Co by się stało, gdyby wymiana pomiędzy Naturą i ludzkością osiągnęła stan doskonałości?

Amma: Przestanie ona ukrywać przed nami swoje dary. Otwierając nieskończone zasoby swojego naturalnego bogactwa, pozwoli nam się nim cieszyć. Jak matka, będzie nas chronić, pielęgnować i karmić.

W doskonałym związku pomiędzy ludzkością a Naturą wytworzy się obustronny przepływ energii. Ujmując to inaczej, gdy zakochamy się w Naturze, ona zakocha się w nas.

Rozmówca: Co jest przyczyną, że ludzie traktują Naturę tak okrutnie? Czy jest to spowodowane egoizmem, czy brakiem zrozumienia?

Amma: Zarówno jednym, jak i drugim. To właśnie brak zrozumienia przejawia się w postępowaniu egoistycznym.

W gruncie rzeczy, to ignorancja. Przez ignorancję ludzie uważają, że z Natury można jedynie czerpać bez końca, nie dając nic w zamian. Większość ludzi zna tylko język eksploatacji. Przez skrajne samolubstwo nie potrafią wziąć pod uwagę swoich bliźnich. W dzisiejszych czasach egoizm, jaki jest w nas, przekłada się na nasz stosunek do Natury.

Rozmówca: Ammo, co oznacza branie innych pod uwagę?

Amma: To podchodzenie do innych ze współczuciem. Cechą, którą trzeba rozwijać przede wszystkim, żeby móc uwzględniać innych – czy to Naturę, czy swoich bliźnich – jest głębokie wewnętrzne zespolenie, zespolenie ze swoim własnym sumieniem. Sumienie, w prawdziwym tego słowa znaczeniu, to umiejętność postrzegania innych jako siebie samego – tak jakbyś widział własne odbicie w lustrze. Odzwierciedlasz ich wewnętrzny świat przeżyć – zarówno poczucie szczęścia, jak i smutku. Musimy wykształcić tę samą umiejętność w stosunku do Przyrody.

Rozmówca: Pierwotnymi mieszkańcami tego kraju byli Indianie północnoamerykańscy. Czcili naturę i tworzyli z nią głęboką więź. Czy uważasz, że my również powinniśmy tak postępować?

Amma: To, co każdy powinien poczynić indywidualnie, zależy od umysłowej struktury danej osoby. Bez względu na to, Przyroda jest częścią życia, częścią całości. Natura w istocie jest Bogiem. Czczenie Natury jest czczeniem Boga.

Poprzez wielbienie Góry *Gowardhana* Pan *Kryszna* przekazał nam wielką lekcję: aby wielbienie Przyrody stało się częścią naszego codziennego życia. Poprosił Swoich poddanych, aby czcili Górę *Gowardhana*, gdyż stanowiła dla nich ochronę. Podobnie,

Pan *Rama,* przed wybudowaniem mostu, poddał się trzydniowym surowym umartwieniom, aby zadowolić ocean. Również *Mahatmowie* traktują Przyrodę z wielkim szacunkiem i poważaniem, ubiegając się o jej błogosławieństwo przed rozpoczęciem jakiegokolwiek działania. W Indiach istnieją świątynie ofiarowane ptakom, zwierzętom, drzewom, a nawet jaszczurkom i jadowitym wężom. Istnieją one po to, by podkreślić, jak wielkie znaczenie ma związek ludzi z Przyrodą.

Rozmówca: Ammo, jaka jest Twoja rada na uzdrowienie naszego związku z Przyrodą?

Amma: Bądźmy pełni współczucia i szacunku w stosunku do Przyrody. Bierzmy od niej tylko to, czego naprawdę potrzebujemy, po czym postarajmy się jej to w jakimś stopniu zrekompensować. Otrzymujemy tylko poprzez dawanie. Błogosławieństwo jest tym, co do nas powraca w odpowiedzi na nasze podejście do czegoś. Jeśli będziemy podchodzić do Przyrody z miłością, postrzegając ją jako życie, jako Boga, jako część naszego istnienia, wówczas ona będzie nam służyć jako nasz najlepszy przyjaciel, któremu zawsze możemy ufać, który nas nigdy nie zawiedzie. Jeżeli nasza postawa wobec Natury będzie niewłaściwa, zamiast błogosławieństwa napotkamy jej negatywną reakcję. Natura obróci się przeciwko nam, jeśli nie będziemy ostrożni w naszych relacjach z nią, a skutki mogą okazać się tragiczne.

Wiele pięknych, boskich istot wymarło przez złe zachowanie i całkowite lekceważenie Przyrody przez ludzi. Jeżeli nadal będziemy tak postępować, to utorujemy sobie drogę ku katastrofie.

Sannjasa, zwieńczenie ludzkiego istnienia

Rozmówca: Czym jest *sannjasa*?

Amma: *Sannjasa* jest zwieńczeniem ludzkiej egzystencji i spełnieniem narodzin człowieka.

Rozmówca: Czy *sannjasa* to stan umysłu, czy coś innego?

Amma: Stan *sannjasy* jest zarówno stanem umysłu, jak i stanem „bez-umysłu".

Rozmówca: Jak opisałabyś ten stan... lub cokolwiek to jest, Ammo?

Amma: Gdy tak trudno jest wytłumaczyć nawet ziemskie doświadczenia, jak można wytłumaczyć stan *sannjasy*, najwyższy rodzaj doświadczenia? Jest to stan, w którym człowiek posiada całkowitą wewnętrzną wolność wyboru.

Rozmówca: Ammo, wiem, że zadaję za dużo pytań, ale co masz na myśli, mówiąc „wewnętrzna wolność wyboru"?

Amma: Ludzie są niewolnikami swoich myśli. Umysł to nic innego jak ciągły potok myśli. Napięcie wywołane tymi myślami sprawia, że stajesz się bezradną ofiarą zewnętrznych wydarzeń. W człowieku jest niezliczona ilość myśli i emocji, zarówno subtelnych, jak i prymitywnych. Nie będąc w stanie przyjrzeć się im bliżej oraz rozróżnić pomiędzy tymi dobrymi a złymi, konstruktywnymi a destruktywnymi, większość ludzi poddaje się szkodliwym impulsom i w konsekwencji utożsamia się z negatywnymi emocjami. Natomiast w tym najwyższym stanie istnieje wybór, czy utożsamiać się z nimi, czy zdystansować od nich. Masz wybór – współdziałać lub nie, z każdą myślą, emocją czy sytuacją. Nawet jeśli wybierzesz utożsamianie się z nimi, to kiedy tylko zechcesz, masz możliwość wycofania się i podążania dalej. Zaiste, jest to absolutna wolność.

Rozmówca: Jakie znaczenie mają szaty w kolorze ochry, noszone przez *sannjasinów*?

Amma: Wyrażają one wewnętrzne urzeczywistnienie lub cel, do którego się dąży. Wskazują również na to, że odchodzi zainteresowanie ziemskimi osiągnięciami. Są otwartą deklaracją poświęcenia życia Bogu i urzeczywistnieniu Jaźni. Ciało i umysł trawione są przez ogień *wajragi* [nie-przywiązania]. Nie przynależy się już do żadnego narodu, kasty, wyznania, sekty czy religii. Jednak *sannjasa* nie sprowadza się tylko do noszenia kolorowych szat.

Szata jest jedynie symbolem wskazującym na transcendentalny stan istnienia. *Sannjasa* to wewnętrzna zmiana nastawienia do życia i sposobu, w jaki się je postrzega. *Sannjasin* staje się całkowicie pozbawiony ego. Już nie należy do siebie, ale do świata, a jego życie poświęcone jest służbie ludzkości. W tym stanie nie ma się żadnych oczekiwań czy żądań wobec kogokolwiek. W prawdziwym stanie *sannjasy* jest się bardziej obecnością niż osobowością.

Podczas przyjmowania *sannjasy* uczeń odcina z tyłu głowy mały kosmyk włosów. Następnie składa go w ofierze wraz ze swoim świętym sznurem[6] w ogniu ofiarnym. Jest to symbolem

---

[6] Spleciona z trzech nici, *jadźnopawitam,* przewieszona przez ramię, reprezentuje zobowiązania wobec rodziny, społeczeństwa i *Guru.*

porzucenia przywiązań do ciała, umysłu, intelektu oraz wyrzeczenia się wszelkich przyjemności, teraz i w przyszłości.

Sannjasini powinni zapuścić długie włosy lub całkowicie ogolić głowę. W dawnych czasach nosili splątane włosy. To podkreślało ich brak przywiązania do ciała. Zanika zainteresowanie upiększaniem ciała, gdyż prawdziwe piękno leży w poznaniu *Atmana*. Ciało podlega zmianom i umiera. Jaki jest sens poświęcać mu tyle uwagi, gdy prawdziwą naturą człowieka jest niezmienna i nieśmiertelna Jaźń?

Przywiązywanie się do tego, co nietrwałe, jest przyczyną wszelkich smutków i cierpień. *Sannjasin* jest człowiekiem, który uświadomił sobie tę wielką prawdę – przemijającą naturę zewnętrznego świata i wieczną naturę świadomości, która nadaje piękno i urok wszystkiemu.

Prawdziwa *sannjasa* nie jest czymś, co można otrzymać – jest urzeczywistnieniem.

Rozmówca: Czy w związku z tym jest to coś, co mamy osiągnąć?

Amma: Zadajesz ponownie to samo pytanie. *Sannjasa* jest ukoronowaniem wszystkich przygotowań, znanych jako *sadhana*.

Spójrz. Możemy starać się osiągnąć jedynie to, co do nas nie należy, co nie jest częścią nas. Stan *sannjasy* jest samym rdzeniem naszego istnienia, tym, kim naprawdę jesteśmy. Dopóki tego nie urzeczywistnisz, możesz nazywać to osiągnięciem, lecz gdy prawdziwa wiedza zaświta w twojej świadomości, zrozumiesz, że nigdy nie byłeś oddzielony od tego stanu – ponieważ nie mogłeś być.

Zdolność poznania, kim naprawdę jesteśmy, posiadają wszyscy. Znajdujemy się jednak w stanie zapomnienia. Ktoś powinien nam przypomnieć o tej nieskończonej mocy wewnątrz nas.

Amma posłuży się przykładem. Człowiek utrzymujący się z żebrania na ulicy napotyka pewnego dnia nieznajomego, który zwraca się do niego tymi słowy: „Hej, co ty tu robisz? Nie jesteś ani żebrakiem, ani włóczęgą. Jesteś multimilionerem".

Żebrak nie wierzy nieznajomemu i odchodzi, całkowicie go ignorując. Ten jednak z miłością wytrwale podąża za żebrakiem, powtarzając: „Zaufaj mi. Jestem twoim przyjacielem, chcę ci pomóc. To, co mówię, jest prawdą. Zaiste, jesteś bogaczem, a skarb, który posiadasz, znajduje się w rzeczywistości bardzo blisko ciebie".

Żebrak, wielce zaciekawiony, pyta: „Bardzo blisko mnie? Gdzie?".

„W środku chaty, w której mieszkasz", odpowiada nieznajomy. „Wystarczy trochę pokopać, aby był twój na zawsze".

Po usłyszeniu tych słów żebrak nie chce już tracić ani chwili. Natychmiast powraca do chaty i odkopuje skarb.

Ten nieznajomy to Urzeczywistniony Mistrz, który przekazuje nam właściwą informację oraz namawia, przekonuje i inspiruje nas, abyśmy wydobyli drogocenny skarb, który kryje się wewnątrz nas. Znajdujemy się w stanie zapomnienia. *Guru* pomaga nam poznać, kim naprawdę jesteśmy.

Istnieje tylko jedna dharma

Rozmówca.: Czy istnieje wiele *dharm*?

Amma: Nie, istnieje tylko jedna *dharma*.

Rozmówca: Ale ludzie mówią o różnych *dharmach*.

Amma: To dlatego, że nie dostrzegają Jedności wszystkiego. Widzą tylko wielość, różnorodne nazwy i formy.

Jednak, w zależności od *wasan* każdego człowieka, można by powiedzieć, że istnieje więcej niż jedna *dharma*. Na przykład muzyk mógłby powiedzieć, że jego *dharmą* jest muzyka. Podobnie, biznesmen może powiedzieć, że prowadzenie biznesu jest jego *dharmą*. Jest to do przyjęcia. Jednak w takich działaniach nie można znaleźć całkowitego spełnienia. Prawdziwą dharmą jest to, co daje pełną satysfakcję i zadowolenie. Czymkolwiek dana osoba się zajmuje, jeśli nie jest z siebie zadowolona, nie zazna spokoju, mając nieustanne poczucie „czegoś mi brakuje". Nic, żadne ziemskie osiągnięcie, nie wypełni tej pustki w życiu człowieka. Aby doznać spełnienia, każdy musi znaleźć centrum wewnątrz siebie. To jest prawdziwą *dharmą*. Dopóki to nie nastąpi, będziemy kręcić się w kółko, szukając spokoju i radości.

Rozmówca: Czy postępowanie zgodne z własną *dharmą* przyniesie materialny dobrobyt i duchowy rozwój?

Amma: Tak, postępowanie zgodne z własną *dharmą* zdecydowanie pomaga w osiągnięciu jednego i drugiego.

Demoniczny król *Rawana* miał dwóch braci, *Kumbhakarnę*
i *Wibhiszanę*. Gdy *Rawana* porwał *Sitę*, świętą małżonkę *Ramy*,
jego bracia ostrzegali go wielokrotnie przed tragicznymi konse-
kwencjami tego czynu i radzili mu, by oddał ją *Ramie*. *Rawana*
zignorował ich błagania i ostatecznie ogłosił wojnę przeciwko
Ramie. Mimo iż *Kumbhakarna* był świadomy nieprawego postępowania *Rawany*, ostatecznie uległ starszemu bratu, nie tylko
z powodu przywiązania do niego, ale również z miłości do rasy
demonów.

Wibhiszana był z kolei bardzo pobożną i szczerą duszą. Nie był
w stanie zaakceptować *adharmicznego* zachowania brata i wyrażał
swoje zaniepokojenie, starając się w ten sposób wpłynąć na jego
postawę. Jednakże *Rawana* nigdy nie zaakceptował, nie rozważył,
ani nawet nie wysłuchał jego punktu widzenia. W efekcie, skrajnie
samolubny *Rawana* tak się rozzłościł wytrwałością najmłodszego
brata, że wygnał go z państwa. *Wibhiszana* znalazł schronienie
u stóp *Ramy*. Podczas wojny, która nastąpiła, *Rawana* i *Kumbhakarna* stracili życie, a *Sita* została uwolniona. *Rama* przed
powrotem do swojego rodzinnego kraju, *Ajodhji*, koronował
Wibhiszanę na króla Lanki (Cejlon).

Spośród trzech braci, *Wibhiszana* był jedynym, który potrafił
utrzymać równowagę pomiędzy swoją ziemską i duchową *dharmą*. Jak tego dokonał? Było to wynikiem wprowadzania w życie
duchowych zasad, nawet podczas wykonywania ziemskich obowiązków, a nie odwrotnie. Taki sposób wywiązywania się z doczesnych powinności prowadzi do stanu najwyższego spełnienia.
Przeciwnie postąpili jego dwaj bracia, *Rawana* i *Kumbhakarna*,
którzy kierowali się ziemskimi zasadami nawet podczas wypeł-
niania swojej duchowej *dharmy*.

Postawa *Wibhiszany* była bezinteresowna – nie prosił *Ramy*,
aby go ustanowił królem. Jedyne, czego pragnął, to być mocno
zakorzenionym w *dharmie*. Jego determinacja i niezachwiana

postawa przyniosły mu wiele błogosławieństw. Osiągnął zarówno materialny, jak i duchowy dobrobyt.

Rozmówca: To była piękna opowieść, Ammo. Jednak duchowi poszukiwacze chyba nie pragną materialnego dobrobytu, prawda?

Amma: Tak. Dla prawdziwego poszukiwacza jedyną *dharmą* jest oświecenie. Żadne inne doświadczenie go nie zadowoli. Dla takiej osoby wszystko inne jest nieistotne.

Rozmówca: Mam jeszcze jedno pytanie, Ammo. Czy sądzisz, że w dzisiejszym świecie istnieją *Rawanowie* i *Kumbhakarnowie*? Jeśli tak, to czy będzie łatwo *Wibhiszanom* przetrwać w społeczeństwie?

Amma (śmiejąc się): *Rawana* i *Kumbhakarna* są w każdym człowieku, jednak w różnym stopniu. Oczywiście, istnieją też ludzie ze skrajnie demonicznymi cechami, jak w przypadku *Rawany* i *Kumbhakarny*. Tak naprawdę, cały ten konflikt, jaki widzimy w obecnych czasach, to nic innego jak suma takich umysłów. Jednak prawdziwi *Wibhiszanowie* przeżyją, gdyż znajdą schronienie u *Ramy* (w Bogu), który będzie nad nimi czuwać.

Rozmówca: To miało być moje ostatnie pytanie, ale mam jeszcze jedno, jeśli pozwolisz, Ammo.

Amma (po angielsku): Pytaj.

Rozmówca: Co sądzisz o tych współczesnych *Rawanach*?

Amma: Oni też są dziećmi Ammy.

Wspólne działanie jako dharma

"W panującej obecnie *Kalijudze* [mrocznej epoce materializmu] główną skłonnością ludzi na całym świecie jest oddalanie się od siebie. Żyją odizolowani, jak samotne wyspy, bez głębszych więzi. Jest to niebezpieczne i tylko nasila otaczający nas mrok. Tylko miłość buduje most, łącząc ludzi ze sobą i z naturą. Siłą dzisiejszego świata jest współdziałanie. Powinno być traktowane jako jedna z głównych *dharm* tej epoki".

Pobożność i świadomość

Rozmówca: Czy istnieje związek pomiędzy świadomością a pobożnością?

Amma: Czysta pobożność jest bezwarunkową miłością. Bezwarunkowa miłość jest oddaniem. Być w pełni oddanym oznacza być całkowicie otwartym. Tym właśnie jest świadomość, a to w istocie jest boskością.

Pomoc w otwarciu zamkniętego serca

Rozmówca: Ammo, mówisz Swoim uczniom i wiernym, iż *Guru* w osobowej formie jest niezbędny, aby osiągnąć Boga, lecz sama uważasz całe stworzenie za Swojego *Guru*. Czy nie sądzisz, że inni mają również taką możliwość wyboru?

Amma: Owszem, mają, lecz na ścieżce duchowej zazwyczaj się to nie sprawdza.

Rozmówca: W Twoim przypadku się sprawdziło.

Amma: W przypadku Ammy nie było innego wyboru, był to naturalny proces.

Zrozum, mój synu, Amma nikomu niczego nie narzuca. Tym z niezachwianą wiarą, którzy każdą sytuację, zarówno pozytywną, jak i negatywną, odbierają jako przesłanie od Boga, „zewnętrzny" *Guru* nie jest potrzebny. Jednak ilu ludzi posiada taką determinację i siłę?

Drogi do Boga nie można nikomu narzucać. To nie działa. Wręcz przeciwnie, przymus może wszystko zniszczyć. Na tej drodze *Guru* musi być niezmiernie cierpliwy wobec ucznia. Tak jak pąk rozwija się w piękny pachnący kwiat, tak Mistrz Duchowy pomaga zamkniętym sercom Swoich uczniów w pełni się otworzyć.

Guru jest przebudzony, natomiast uczniowie śpią snem ignorancji i nie są świadomi tego, kim naprawdę jest *Guru* i z jakiego wymiaru działa. Ich niewiedza powoduje, że mogą niekiedy przejawiać nadmierną niecierpliwość, a ich krytyczna natura sprawia, że nawet w Mistrzu mogą doszukiwać się wad. W takich okolicznościach bezwarunkowa miłość i współczucie Doskonałego Mistrza mogą rzeczywiście pomóc uczniom.

Znaczenie wdzięczności

Rozmówca: Co to znaczy „być wdzięcznym Mistrzowi lub Bogu"?

Amma: Dzięki usposobieniu pełnemu pokory, otwarcia i pobożności łatwiej jest przyjąć bożą łaskę. Urzeczywistniony Mistrz nie ma nic do zyskania ani nic do stracenia. To, czy jesteś wdzięczny, czy nie, nie wpływa na Mistrza utwierdzonego w najwyższym stanie nie-przywiązania. Niemniej jednak, usposobienie pełne wdzięczności pomaga w otwarciu się na bożą łaskę. Wdzięczność to postawa wewnętrzna. Bądź wdzięczny Bogu, gdyż jest to najlepszy sposób na wydostanie się z ciasnego świata, będącego wytworem ciała i umysłu, i na wkroczenie w bezkresny wymiar świata wewnętrznego.

Moc ukryta w ciele

Rozmówca: Czy dusze różnią się od siebie i mają odrębne, indywidualne istnienie?

Amma: Czy energia elektryczna jest różna, chociaż przejawia się w różnorodny sposób w wiatrakach, lodówkach, telewizorach i innych urządzeniach?

Rozmówca: Nie, ale czy dusze mają oddzielną egzystencję po śmierci?

Amma: W zależności od ich nagromadzonej *karmy* [skutków przeszłych działań] i *wasan*, może się wydawać, że mają odrębną egzystencję.

Rozmówca: Czy nawet w tym stanie nasze indywidualne dusze mają pragnienia?

Amma: Tak, lecz nie są w stanie ich spełnić. Podobnie, jak całkowicie sparaliżowany człowiek nie potrafi wstać i wziąć tego, na co ma ochotę, tak te dusze nie mogą zaspokoić swoich pragnień wskutek braku ciała.

Rozmówca: Jak długo pozostają w takim stanie?

Amma: To zależy od intensywności ich *prarabdha karmy* [obecnie przejawiających się owoców przeszłych działań].

Rozmówca: Co dzieje się po jej wygaśnięciu?

Amma: Narodzą się ponownie i ten łańcuch kolejnych wcieleń będzie trwał, dopóki nie uświadomią sobie, kim naprawdę są.

Z powodu utożsamiania się z ciałem i umysłem myślimy „Jestem sprawcą moich czynów, ja kreuję myśli” i podobnie. W rzeczywistości, bez obecności *Atmana* ani ciało, ani umysł nie są w stanie funkcjonować. Czy jakiekolwiek elektryczne urządzenie może działać bez prądu? Czyż to nie moc prądu wprawia wszystko w ruch? Bez niego nawet gigantyczna maszyna jest tylko stosem żelaza lub stali. Tak więc, niezależnie od tego, czym się zajmujemy albo kim jesteśmy, jedynie obecność *Atmana* pomaga nam czegokolwiek dokonać. Bez niej jesteśmy tylko nieożywioną materią. Zapominanie o *Atmanie* i wielbienie jedynie ciała jest jak ignorowanie elektryczności i zachwycanie się nieruchomym urządzeniem.

Dwa istotne doświadczenia

Rozmówca: Czy Urzeczywistnieni Mistrzowie mogą wybrać czas i okoliczności swoich narodzin i śmierci?

Amma: Jedynie doskonała istota ma całkowitą kontrolę nad tymi wydarzeniami. Wszyscy inni są całkowicie bezradni wobec tych dwóch istotnych doświadczeń. Nikt cię nie spyta, w jakim miejscu chciałbyś się urodzić lub kim chciałbyś być, ani czy jesteś gotowy odejść z tego świata.

Człowiek, który wiecznie narzekał na swoje małe mieszkanie, jak i ten, który cieszył się luksusem swojej willi, będą leżeć cicho i spokojnie w ciasnej trumnie, gdy ustanie obecność *Atmana*. Osoba, która wcześniej nie mogła wytrzymać nawet sekundy bez klimatyzacji, nie będzie miała najmniejszego problemu, gdy ogień stosu pogrzebowego będzie pochłaniał jej ciało. Dlaczego? Gdyż nie będzie wtedy niczym innym jak tylko bezwładnym przedmiotem.

Rozmówca: Śmierć jest strasznym doświadczeniem, prawda?

Amma: Jest ono straszne tylko dla tych, którzy przechodzą przez życie, utożsamiając się całkowicie ze swoim ego, nie zastanawiając się nad rzeczywistością, która istnieje poza ciałem i umysłem.

Branie pod uwagę innych

Pewien uczeń chciał uzyskać łatwe do zrozumienia i zwięzłe wytłumaczenie duchowości.

Amma odpowiedziała: „Duchowością jest życzliwe i pełne współczucia nastawienie do innych".

„Wspaniale", odpowiedział mężczyzna i miał już zamiar odejść, gdy Amma chwyciła go za rękę. „Usiądź tu", powiedziała.

Mężczyzna usiadł. Udzielając w tym samym czasie *darśanu* komuś innemu, Amma pochyliła się ku mężczyźnie i szepnęła do niego po angielsku: „Opowieść?".

Lekko zaskoczony, zapytał: „Ammo, czy chcesz, żebym opowiedział jakąś historię?".

Rozbawiona Amma odrzekła: „Nie, czy chciałbyś usłyszeć opowieść?".

Podekscytowany mężczyzna odpowiedział: „Ależ tak, oczywiście! O, jakie to błogosławieństwo!".

Amma rozpoczęła Swoją przypowieść:

„Kiedy pewien mężczyzna spał, do jego otwartych ust wleciała mucha. Od tej chwili gnębiło go uczucie, że ta mucha cały czas żyje w jego wnętrzu.

Nadmiernie wybujała wyobraźnia potęgowała zgryzotę nieszczęśnika. Po pewnym czasie jego zmartwienie przerodziło się w ogromne cierpienie i przygnębienie. Nie mógł ani jeść, ani spać. Wszelka radość odeszła z jego życia. Mucha pochłaniała wszystkie jego myśli. Ciągle starał się złapać ją w różnych częściach swego ciała.

Aby w końcu się jej pozbyć, postanowił zwrócić się o pomoc

215

do lekarzy, psychologów, psychiatrów i innych specjalistów. Każdy z nich twierdził to samo: 'Nic ci nie jest. Nie ma w tobie żadnej muchy. Nawet jeśli kiedyś wleciała, to na pewno już nie żyje. Przestań się tym martwić, nic ci nie dolega'.

Jednak mężczyzna żadnemu z nich nie uwierzył i cierpiał dalej. Pewnego dnia jego bliski przyjaciel zabrał go ze sobą do *Mahatmy*. Po uważnym wysłuchaniu historii o musze *Mahatma* przebadał go i stwierdził: 'Masz rację. Rzeczywiście, wewnątrz ciebie jest mucha. Widzę, jak sobie lata'.

Zaglądając przez szeroko otwarte usta mężczyzny, Mistrz rzekł: „O, mój Boże! Popatrz, popatrz, ale urosła przez te miesiące".

Gdy tylko *Mahatma* wypowiedział te słowa, mężczyzna odwrócił się do swojego przyjaciela i żony, mówiąc: 'Widzicie, tamci głupcy na niczym się nie znają. Ten człowiek mnie rozumie. Spójrzcie, jak szybko wykrył tę muchę'.

Mahatma kontynuował: 'Nie ruszaj się. Nawet najmniejszy ruch może wszystko zepsuć'. Po czym nakrył mężczyznę grubym kocem od stóp do głów. 'To przyspieszy cały proces. Chcę, żeby całe ciało, nawet wewnątrz, było tak ciemne, aby mucha nic nie widziała. Nie otwieraj nawet oczu". Człowiek ten nabrał tak silnej wiary w *Mahatmę*, że gotów był spełnić każde jego życzenie.

'Teraz zrelaksuj się i pozostań w bezruchu', powiedział *Mahatma*, po czym udał się do drugiego pokoju, aby złapać żywą muchę. Po udanych łowach powrócił z muchą w butelce.

Następnie zaczął delikatnie przesuwać swe dłonie po ciele pacjenta, na bieżąco zdając mu relację z zachowań muchy. Rzekł: 'Teraz się nie ruszaj, mucha w tej chwili siedzi na twoim żołądku... Zanim zdołałem cokolwiek zrobić, poleciała i siadła ci na płucach. Mało co, już bym ją miał... O, nie, znowu uciekła!... Ojej, jaka ona szybka!... Znowu jest na twoim żołądku... Dobrze, teraz zaintonuję *mantrę*, która ją unieruchomi'.

Potem udał, że łapie muchę i wyciąga ją z żołądka mężczyzny. Po kilku sekundach *Mahatma* poprosił, aby mężczyzna otworzył oczy i zdjął z siebie koc. Następnie pokazał mu butelkę z muchą, którą złapał wcześniej.

Mężczyzna był uradowany. Zaczął tańczyć ze szczęścia i oznajmił swojej żonie: 'Mówiłem ci setki razy, iż miałem rację, a ci wszyscy psychologowie to idioci. Teraz idę do nich, żeby oddali mi pieniądze!'.

W rzeczywistości, żadnej muchy nie było. Różnica polegała jedynie na tym, że *Mahatma* miał na względzie tego człowieka, a inni nie. Powiedzieli mu prawdę, ale mu nie pomogli. Natomiast *Mahatma* okazał zrozumienie, wsparcie, litość i prawdziwe współczucie. Dzięki temu pomógł mężczyźnie przezwyciężyć jego słabość.

Mahatma posiadał głębsze zrozumienie cierpienia i stanu psychiki tego człowieka. Zszedł na jego poziom, w przeciwieństwie do tych, którzy nie wzięli pod uwagę jego potrzeb i pozostali na swoim poziomie rozumienia".

Amma na chwilę zamilkła, po czym kontynuowała: „Synu, tak przebiega cały proces duchowego urzeczywistnienia. Mistrz traktuje muchę ignorancji ucznia – ego – jako coś realnego. Dzięki temu, że Mistrz ma na względzie ucznia i jego ignorancję, uzyskuje jego pełne współdziałanie. Bez udziału ucznia Mistrz nie może nic zrobić. Jednakże prawdziwie dociekliwy uczeń nie będzie stawiał żadnych oporów w tej współpracy, ponieważ Mistrz w pełni bierze pod uwagę ucznia oraz jego słabości, zanim pomoże mu otworzyć oczy na rzeczywistość. Prawdziwym zadaniem Autentycznego Mistrza jest pomóc uczniowi, aby ten również stał się mistrzem w każdej sytuacji".

Łono miłości

Rozmówca: Ostatnio przeczytałem, że wszyscy posiadamy duchowe łono. Czy coś takiego istnieje?

Amma: To mógł być jedynie symbol. Nie istnieje żaden narząd, który nazywałby się „duchowym łonem". Symbol ten, być może, wskazuje na otwartość, którą powinniśmy w sobie rozbudzić, aby móc odczuć i doświadczyć miłości wewnątrz nas. Bóg obdarzył każdą kobietę łonem, w którym nosi swoje dziecko, ochrania je i żywi, a w końcu wydaje na świat. Podobnie, powinniśmy stworzyć w sobie wystarczająco dużo przestrzeni, gdzie miłość może się kształtować i wzrastać. Medytacja, modlitwy i pieśni karmią i pielęgnują tę miłość, stopniowo pomagając „dziecku miłości" rozwijać się i wzrastać. Prawdziwa miłość to *śakti* w najczystszej postaci.

Czy ludzie uduchowieni są wyjątkowi?

Rozmówca: Ammo, czy uważasz, że duchowość to coś niezwykłego, a osoby uduchowione są wyjątkowe?

Amma: Nie.

Rozmówca: Zatem?

Amma: Duchowość polega na prowadzeniu całkowicie normalnego życia, zharmonizowanego z naszą Wewnętrzną Jaźnią. Toteż nie ma w tym nic wyjątkowego.

Rozmówca: Czy chcesz przez to powiedzieć, że tylko uduchowieni ludzie prowadzą normalne życie?

Amma: Czy Amma to powiedziała?

Rozmówca: Nie bezpośrednio, ale Twoja odpowiedź może nasuwać taki wniosek.

Amma: To jest twoja interpretacja słów Ammy.

Rozmówca: Dobrze, w takim razie, co myślisz na temat większości ludzi żyjących w świecie?

Amma: Większości? Czyż my wszyscy nie żyjemy w świecie?

Rozmówca: Ammo, proszę Cię...

Amma: Dopóki żyjemy w świecie, wszyscy jesteśmy ludźmi tego świata. To, co czyni cię uduchowioną osobą, to sposób, w jaki postrzegasz życie i jego różnorodne doświadczenia. Zauważ, mój synu – wszyscy myślą, że prowadzą normalne życie. A czy tak jest, czy nie, każdy powinien sobie sam odpowiedzieć poprzez właściwą introspekcję. Ponadto, nie powinniśmy postrzegać duchowości jako czegoś niezwykłego czy nadzwyczajnego. Dzięki duchowości nie mamy stać się wyjątkowi, lecz pokorni. Ważne jest również, by zrozumieć, że ludzkie narodziny same w sobie są już bardzo szczególne.

Tylko tymczasowy przystanek

Rozmówca: Ammo, dlaczego nie-przywiązanie jest tak ważne w życiu duchowym?

Amma: Nie tylko poszukiwacze duchowi, lecz wszyscy, którzy pragną rozwinąć swój potencjał i zaznać spokoju umysłu, muszą praktykować nie-przywiązanie. Być nieprzywiązanym oznacza stać się *sakszi* [świadkiem] wszystkich życiowych doświadczeń.

Przywiązanie jest obciążeniem dla umysłu, a nie-przywiązanie jest zrzuceniem ciężaru. Coraz większe obciążenie umysłu sprawia, że staje się on bardziej skrępowany i tym bardziej pragnie wyswobodzenia. W dzisiejszym świecie ludzkie umysły stają się coraz bardziej przeciążone negatywnymi myślami. To naturalnie wywoła silne pragnienie, autentyczną potrzebę uwolnienia się od przywiązania.

Rozmówca: Ammo, chciałbym praktykować nie-przywiązanie, ale nie jestem do końca o tym przekonany.

Amma: Przekonanie przychodzi jedynie ze świadomością. Im bardziej jesteś świadomy, tym silniejsze jest twoje przekonanie. Synu, postrzegaj świat jako tymczasowy przystanek, może tylko trochę dłuższy. Wszyscy jesteśmy w podróży, a to jest kolejne miejsce, które odwiedzamy. Tak samo, jak podczas wyprawy autobusem lub pociągiem poznajemy po drodze innych pasażerów, wymieniamy z nimi myśli na temat życia i wydarzeń na świecie. Po jakimś czasie może się w nas nawet pojawić przywiązanie do osoby siedzącej obok. Jednak każdy z pasażerów będzie musiał, wcześniej czy później, wysiąść po dotarciu do celu. Kiedy kogoś poznasz lub gdzieś z kimś zamieszkasz, zachowaj świadomość, że któregoś dnia będziecie musieli się rozstać. Ta rozwinięta świadomość, w połączeniu z pozytywnym nastawieniem do życia, z pewnością poprowadzi cię przez wszystkie życiowe okoliczności.

Rozmówca: Ammo, czy twierdzisz, że powinno się praktykować nie-przywiązanie, żyjąc w świecie?

Amma (uśmiechając się): Gdzie indziej można nauczyć się dystansu, jeśli nie tu, żyjąc na ziemi? Po śmierci? W rzeczywistości, rozwijanie nie-przywiązania to sposób na pokonanie lęku przed śmiercią. Zapewnia całkowicie bezbolesną i błogą śmierć.

Rozmówca: Jak to możliwe?

Amma: Ponieważ gdy jesteś wolny od przywiązania, pozostajesz *sakszi* nawet w obliczu śmierci. Stan nie-przywiązania jest właściwą postawą i prawidłowym postrzeganiem rzeczywistości. Czy będzie to dobre, czy złe, jeżeli podczas oglądania filmu będziemy identyfikowali się z bohaterami, a później próbowali ich naśladować w naszym życiu? Oglądaj film ze świadomością, że to tylko film; wtedy naprawdę ci się spodoba. Prawdziwą drogą do spokoju jest myślenie i życie w duchowy sposób.

Gdy chcesz się wykąpać w rzece, to nie zostajesz w niej na zawsze; kąpiesz się i wychodzisz, czysty i odświeżony. Podobnie, jeśli chciałbyś wieść duchowe życie, mając rodzinę, traktuj to jako drogę do wyczerpania swoich *wasan*. Innymi słowy, pamiętaj, że prowadzisz życie rodzinne nie po to, aby coraz bardziej się w nim pogrążać, lecz by wyczerpać zarówno tę, jak i inne podobne *wasany* i uwolnić się od więzów działania. Powinieneś dążyć do wyczerpania negatywnych *wasan*, a nie do ich gromadzenia.

Co słyszy umysł

Rozmówca: Jak określić umysł, Ammo?

Amma: Jest to instrument, który nie słyszy tego, co się do niego mówi, lecz to, co sam chce usłyszeć. Ktoś ci mówi jedno, a umysł słyszy coś zupełnie innego. Następnie wykonuje operację na tym, co usłyszał, poprzez wycinanie, redagowanie i na końcu zszywanie wszystkiego w jedną całość. Podczas tej operacji umysł coś eliminuje, coś innego dodaje, interpretując i wygładzając oryginał dotąd, aż w końcu ci to odpowiada. Po czym przekonujesz sam siebie, że to właśnie ci powiedziano.

Pewien młody chłopiec przychodzi czasami do *aśramu* wraz ze swoimi rodzicami. Raz jego mama podzieliła się z Ammą ciekawym zdarzeniem z życia rodzinnego. W związku z tym, że zbliżał się termin egzaminów szkolnych, kobieta powiedziała swojemu synowi, aby bardziej sumiennie przyłożył się do nauki. Niestety, dla chłopca co innego było ważne. Wolał zajmować się sportem i oglądać filmy. W końcu doszło do sprzeczki pomiędzy matką a synem i ostatecznie chłopiec stwierdził: „Mamo, czy nie słyszałaś, jak Amma podkreśla w Swoich naukach, aby żyć w chwili obecnej? Na miłość boską, nie rozumiem, dlaczego tak się martwisz tymi egzaminami, które jeszcze nie nadeszły, podczas kiedy ja mam teraz tyle innych zajęć". Taka była jego interpretacja słów Ammy.

Miłość i odwaga

A by zilustrować, w jaki sposób miłość eliminuje wszelki lęk, Amma opowiedziała następującą historię.

Amma: Dawno temu, w forcie na szczycie góry, żył sobie król, władca jednego z indyjskich stanów. Każdego poranka przychodziła tam kobieta sprzedawać mleko. Pojawiała się około szóstej nad ranem i przed szóstą wieczór opuszczała fort. Ogromne wrota zamykano punktualnie o 18, po czym nikt nie mógł wejść ani wyjść aż do następnego ranka, kiedy otwierano je ponownie.

Każdego poranka, gdy strażnik otwierał wielkie żelazne wrota, stała już przy nich kobieta z dzbanem mleka na głowie.

Pewnego wieczoru, zanim mleczarka dotarła do bramy, było już parę sekund po 18 i wrota zostały dopiero co zamknięte. W domu czekał na jej powrót mały synek. Kobieta padła do stóp strażników, błagając ich, aby ją wypuścili. Ze łzami w oczach mówiła: „Zlitujcie się nade mną, proszę. Mój synek będzie głodny i nie uśnie, jeśli nie będę przy nim. Biedne dziecko, będzie płakało całą noc, jeśli nie zobaczy swojej mamy. Proszę! Wypuśćcie mnie!". Jednak strażnicy nie ustąpili, gdyż byłoby to wbrew rozkazom.

Zrozpaczona kobieta w panice biegała wokół fortu, szukając jakiejś szczeliny, przez którą mogłaby się wydostać. Nie mogła znieść myśli, że jej bezradne dziecko czeka daremnie na jej powrót.

Fort otaczały skaliste góry oraz las pełen ciernistych krzewów, pnączy i trujących roślin. Z zapadnięciem nocy instynkt macierzyński mleczarki potęgował jej niepokój oraz determinację, by być ze swoim synkiem. Po raz kolejny okrążając fort, w końcu dostrzegła miejsce, które w porównaniu z innymi wyglądało mniej stromo. W krzakach ukryła dzban na mleko i ostrożnie zsunęła się ze szczytu. Droga w dół okazała się trudna, mleczarka pokaleczyła się i potłukła. Jednak myśl o synku napełniała ją siłą, by podążać dalej i nie zważać na żadne przeszkody. W końcu dotarła do podnóża góry. W pośpiechu dobiegła do domu i szczęśliwie spędziła wieczór z synkiem.

Następnego ranka, gdy strażnicy otworzyli wrota, byli zaskoczeni widokiem czekającej przy bramie kobiety, która poprzedniego wieczoru nie mogła się wydostać z fortu.

„Jeżeli zwyczajnej mleczarce udało się wydostać z naszego niezdobytego fortu, musi być gdzieś szczelina, przez którą wrogowie mogliby się przedostać i nas zaatakować", pomyśleli. Zdając sobie sprawę z powagi sytuacji, strażnicy bezzwłocznie aresztowali kobietę i przyprowadzili ją przed oblicze króla.

Król był osobą o wielkiej wyrozumiałości i dojrzałości. Poddani chwalili go za jego mądrość, szlachetność i męstwo. Przyjął mleczarkę z wielką życzliwością. Składając dłonie w powitalnym geście, zapytał: „Matko, jeśli to prawda, co mówią strażnicy, że wymknęłaś się stąd poprzedniego wieczoru, to czy okazałabyś swoją łaskawość i pokazała mi to miejsce?".

Mleczarka zaprowadziła króla, jego ministrów oraz strażników do tego miejsca. Wydostała swój dzban na mleko, który tam ukryła poprzedniej nocy i pokazała go królowi. Patrząc w przepaść, król zapytał: „Matko, czy mogłabyś nam pokazać, proszę, jak dałaś radę zejść z tej góry?".

Mleczarka spojrzała w dół urwistego i nieprzystępnego zbocza góry i zadrżała ze strachu. „Nie, nie potrafię!" – wykrzyknęła.

„Jak więc dokonałaś tego poprzedniej nocy?" – zapytał król.

„Nie wiem" – odpowiedziała.

„Ale ja wiem" – łagodnie odrzekł król. „To miłość do twojego syna napełniła cię mocą i odwagą, aby dokonać rzeczy niemożliwej".

Kochając prawdziwie, przekraczamy ograniczenia ciała i umysłu oraz wszelkie lęki. Moc czystej miłości jest bezgraniczna. Miłość jest wszechogarniająca i wszechprzenikająca. Dzięki takiej miłości można doświadczyć jedności z własną Jaźnią. Miłość to oddech duszy. Nikt nie powie: „Będę oddychał tylko w obecności mojej żony, dzieci, rodziców i przyjaciół. Nie jestem w stanie oddychać w obecności moich wrogów, tych, którzy mnie nienawidzą, lub tych, którzy mnie skrzywdzili". Wtedy nie przeżyjesz. Po prostu umrzesz. Podobnie, miłość jest obecnością, która pozwala wznieść się ponad wszelkie różnice. Jest wszechobecna. Jest naszą siłą witalną.

Czysta, niewinna miłość sprawia, że wszystko jest możliwe. Gdy twoje serce wypełnia czysta energia miłości, nawet najbardziej niewykonalne zadanie staje się tak proste, jak podniesienie kwiatka z ziemi.

Skąd się biorą wojny?

Rozmówca: Dlaczego jest tyle wojen i przemocy na świecie, Ammo?

Amma: Z powodu braku zrozumienia.

Rozmówca: Czym jest brak zrozumienia?

Amma: Jest brakiem współczucia.

Rozmówca: Czy istnieje jakiś związek pomiędzy brakiem zrozumienia a brakiem współczucia?

Amma: Tak, gdy zaczyna pojawiać się prawdziwe zrozumienie, uczymy się podchodzić życzliwie do innych ludzi, nie zważając na ich słabości. W taki sposób rozwija się miłość. Kiedy zagości w nas czysta miłość, wraz z nią pojawi się współczucie.

Rozmówca: Ammo, słyszałem, jak mówiłaś, że to ego jest powodem wojen i konfliktów.

Amma: To prawda. Niedojrzałe ego i brak zrozumienia to prawie to samo. Używamy tylu różnych słów, a w zasadzie ich znaczenie jest identyczne.

Gdy ludzie tracą kontakt ze swoim Wewnętrznym Ja, a w zamian utożsamiają się ze swoim ego, można się wówczas spodziewać jedynie wojen i przemocy. To właśnie ma miejsce w dzisiejszych czasach.

Rozmówca: Czy chcesz przez to powiedzieć, Ammo, że ludzie przykładają zbyt wielką wagę do świata zewnętrznego?

Amma: Cywilizacja [rozwój i materialne udogodnienia] i *samskara* [praktykowanie rozwijających duchowo myśli oraz cnót] powinny iść ręka w rękę. A co widzimy w naszym społeczeństwie? Czyż nie następuje gwałtowna degeneracja duchowych wartości? Konflikt i wojna znajdują się na najniższym poziomie ludzkiej egzystencji, natomiast na najwyższym jest *samskara*.

Stan, w jakim znajduje się dzisiejszy świat, można najlepiej zilustrować następującym przykładem. Wyobraź sobie bardzo wąską uliczkę, a na niej dwa zbliżające się do siebie samochody. Kierowcy raptownie naciskają na hamulce, gdyż ich pojazdy są już blisko siebie. Żaden nie zdoła przejechać, jeśli jeden z nich nie wycofa się i nie ustąpi miejsca drugiemu. Mimo to, siedząc twardo w swoich fotelach, obydwaj uparcie oświadczają, iż nie ruszą się ani o centymetr. Jedynym rozwiązaniem jest, aby jeden z kierowców okazał odrobinę pokory i dobrowolnie ustąpił drugiemu. Tylko wówczas obaj z łatwością dojadą do miejsca swojego przeznaczenia. Ten, który ustąpi drugiemu, może również cieszyć się, wiedząc, że tylko dzięki niemu ta druga osoba mogła ruszyć dalej.

Jak możemy uszczęśliwić Ammę?

Rozmówczyni: W jaki sposób mogę Ci służyć, Ammo?

Amma: Poprzez bezinteresowne służenie innym.

Rozmówczyni: Co mogę zrobić, aby Cię uszczęśliwić?

Amma: Pomóż innym czuć się szczęśliwymi. To naprawdę uszczęśliwi Ammę.

Rozmówczyni: Ammo, czy nie chciałabyś czegoś ode mnie?

Amma: Tak, Amma chce, abyś była szczęśliwa.

Rozmówczyni: Ammo, jesteś taka piękna.

Amma: Ale to piękno jest również w tobie. Musisz je tylko w sobie odnaleźć.

Rozmówczyni: Kocham Cię, Ammo.

Amma: Córko, tak naprawdę ty i Amma nie jesteśmy dwiema istotami. Jesteśmy jednym. Jest więc tylko miłość.

Prawdziwy problem

Rozmówca: Ammo, mówisz, że wszystko jest Jednością. Jednak ja postrzegam wszystko jako oddzielone od siebie. Dlaczego tak się dzieje?

Amma: Postrzeganie wszystkiego jako oddzielonego czy też różnego od siebie nie jest problemem. Prawdziwym problemem jest niemożność ujrzenia Jedności kryjącej się za tą różnorodnością. Powodem tego jest błędne postrzeganie, co niewątpliwie jest ograniczeniem. Należy skorygować sposób, w jaki postrzegasz świat i to, co dzieje się wokół ciebie. Wtedy wszystko automatycznie się zmieni.

Gdy słabną nam oczy i zaczynamy widzieć podwójnie, trzeba poprawić wzrok. Podobnie, wewnętrzne ok wymaga korekty według wskazówek kogoś utwierdzonego w doświadczaniu tej Jedności, czyli *Satguru*.

Ze światem jest wszystko w porządku

Rozmówca: Co się dzieje z tym światem? Sprawy nie wyglądają dobrze. Czy możemy coś z tym zrobić?

Amma: Nie ma żadnego problemu ze światem. Problem istnieje w ludzkim umyśle – to ego. Nieposkromione ego sprawia, że świat jest pełen problemów. Trochę więcej zrozumienia i współczucia może wiele zmienić.

Ego rządzi światem. Ludzie są bezsilnymi ofiarami własnego ego. Trudno jest znaleźć wrażliwych ludzi z sercem pełnym współczucia. Odkryj swoją wewnętrzną harmonię, piękną melodię życia i miłości. Wyjdź do ludzi i służ tym, którzy cierpią. Naucz się stawiać potrzeby innych przed własnymi. Ale nie zakochaj się we własnym ego w imię miłości i służby innym. Zachowaj swoje ego, lecz jednocześnie bądź jego panem oraz panem umysłu. Weź pod uwagę potrzeby innych, gdyż to jest bramą do Boga i twojej własnej Jaźni.

Dlaczego powinno się podążać ścieżką duchową?

Rozmówca: Dlaczego powinno się podążać ścieżką duchową?

Amma: To tak, jakby nasionko zapytało: „Dlaczego powinienem wejść w glebę, kiełkować i rosnąć do góry?".

Radzenie sobie
z energią duchową

Rozmówca: Są ludzie, choć może nie jest ich wielu, którzy po wykonywaniu praktyk duchowych tracą zdrowe zmysły. Dlaczego tak się dzieje?

Amma: Duchowe praktyki przygotowują twoje ograniczone ciało i umysł, aby mogły przyjąć kosmiczną *śakti*. Otwierają w twoim wnętrzu bramę do wyższej świadomości. Innymi słowy, mają one bezpośrednio do czynienia z czystą *śakti*. Jeżeli nie jest się ostrożnym, to mogą przyczynić się do problemów umysłowych i fizycznych. Na przykład, światło pomaga nam widzieć. Jednak zbyt ostre światło uszkodzi nasz wzrok. Podobnie, *śakti*, czy błogość, jest wysoce dobroczynna. Jednak jeśli nie wiemy, jak się z nią właściwie obchodzić, może okazać się niebezpieczna. Tylko przewodnictwo *Satguru* może w tym prawdziwie pomóc.

Skarga i współczucie niewinnego serca

Mały chłopiec podbiegł do Ammy i pokazał Jej swoją prawą dłoń. Amma czule trzymała go za paluszek i zapytała po angielsku, „Co, dziecino?". Chłopczyk odwrócił się i rzekł, „Tu...".

Amma (po angielsku): Tu, co?

Mały chłopiec: Tatuś...

Amma (po angielsku): Tatuś, co?

Mały chłopiec (wskazując na swoją dłoń): Tatuś siedzieć tutaj.

Amma (mocno obejmując dziecko i mówiąc po angielsku): Amma woła tatusia.

W tym momencie ojciec podszedł do Ammy. Przyznał się, że tego ranka niechcący usiadł na rączkę syna. Zdarzyło się to w ich domu i właśnie to chłopczyk starał się Ammie wytłumaczyć.

Nadal trzymając chłopca blisko siebie, Amma powiedziała: „Wiesz co, moje dziecko, Amma sprawi twojemu tatusiowi dobre lanie, co ty na to?".

Chłopczyk przytaknął, po czym Amma zaczęła udawać, że bije tatusia, a on z kolei udawał, że płacze. Raptem chłopczyk złapał Ammę za rękę i powiedział: „Wystarczy".

Przytulając chłopca do Siebie jeszcze mocniej, Amma roześmiała się, a zebrani wokół uczniowie wraz z Nią.

Amma: Spójrzcie, jak kocha swojego tatusia. Nie chce, aby ktokolwiek go krzywdził.

Podobnie jak ten chłopczyk, który śmiało i z otwartym sercem podszedł do Ammy, dzieci, wy także, biorąc z niego przykład, powinnyście zwierzać się Bogu ze swoich cierpień. Chociaż Amma tylko udawała, że bije jego tatę, dla chłopca było to prawdziwe. Nie chciał, aby jego tatuś czuł się skrzywdzony. Podobnie, dzieci, zdajcie sobie sprawę z bólu innych ludzi i bądźcie pełne współczucia dla wszystkich.

Przebudzenie śniącego ucznia

Rozmówca: W jaki sposób *Guru* pomaga uczniowi prze-kroczyć ego?

Amma: Poprzez stwarzanie potrzebnych sytuacji. W rze-czywistości, to współczucie *Satguru* pomaga uczniowi.

Rozmówca: Więc co dokładnie pomaga uczniowi, te sytuacje czy współczucie *Guru*?

Amma: Te sytuacje są wynikiem bezgranicznego współczucia *Satguru*.

Rozmówca: Czy są to zwykłe sytuacje, czy też mają w sobie coś szczególnego?

Amma: Są to zwykłe sytuacje i zarazem szczególne, gdyż stanowią one swojego rodzaju błogosławieństwo *Satguru*, którego celem jest rozwój duchowy ucznia.

Rozmówca: Czy podczas procesu usuwania ego dochodzi do starć pomiędzy *Guru* a uczniem?

Amma: Umysł będzie walczył i protestował, ponieważ chce pozostać uśpiony i nadal śnić. Nie chce, aby mu przeszkadzano. Jednak rolą Urzeczywistnionego Mistrza jest zakłócanie tego snu. Jedynym celem *Satguru* jest przebudzenie ucznia. Istnieje zatem pozorna sprzeczność. Niemniej, prawdziwy uczeń obdarzony *śraddhą* użyje swoich umiejętności właściwego rozróżniania, aby przezwyciężyć tego rodzaju wewnętrzne konflikty.

Posłuszeństwo wobec Guru

Rozmówca: Czy całkowite posłuszeństwo wobec *Guru* doprowadzi w ostateczności do unicestwienia ego?

Amma: Tak. W *Upaniszadzie Kathaka Satguru* przedstawiony jest jako *Jama* – bóg Śmierci. Wynika to z tego, że *Guru* symbolizuje śmierć ego ucznia i tylko dzięki pomocy *Satguru* jest to możliwe.

Owocem miłości, jaką uczeń darzy *Satguru*, jest posłuszeństwo wobec Mistrza. Poświęcenie i współczucie Mistrza będą ogromną inspiracją dla ucznia. Głęboko poruszony naturą *Guru*, uczeń wykaże wobec Duchowego Nauczyciela spontaniczną otwartość i posłuszeństwo.

Rozmówca: Trzeba mieć chyba dużo odwagi, by stanąć w obliczu śmierci ego?

Amma: Oczywiście, dlatego tak niewielu jest w stanie tego dokonać. Zgoda na unicestwienie ego jest jak pukanie do drzwi śmierci. Dokonał tego *Nacziketas*, młody poszukiwacz prawdy z *Upaniszady Kathaka*. Jednak jeśli masz odwagę i determinację, by zapukać do tych drzwi, uświadomisz sobie, że tak naprawdę śmierć nie istnieje, ponieważ sama śmierć i unicestwienie ego są tylko złudzeniem.

Horyzont jest tutaj

Rozmówca: Gdzie ukryta jest Jaźń?

Amma: To tak, jakbyś spytał: „Gdzie ja jestem ukryty?".
Nigdzie nie jesteś ukryty. Jesteś w samym sobie. Podobnie,
Jaźń jest wewnątrz ciebie i poza tobą.

Z brzegu wydaje się, jakby w oddali ocean stykał się w pewnym miejscu z horyzontem. Przypuśćmy, że jest tam wyspa i rosnące na niej drzewa sprawiają wrażenie, jakby dotykały nieba. Jednak gdy tam dotrzemy, to czy zdołamy zlokalizować ten punkt zetknięcia? Nie, gdyż ten punkt stale się przesuwa. Teraz jest już w innym miejscu. Gdzie w rzeczywistości jest horyzont? Czyż nie właśnie tutaj, gdzie stoimy? Podobnie, to, czego poszukujesz, jest właśnie tutaj. Jednak dopóki będziemy zahipnotyzowani przez ciało i umysł, pozostanie to poza naszym zasięgiem.

Z poziomu najwyższego poznania, jesteś żebrakiem. Pojawia

się przed tobą Urzeczywistniony Mistrz i mówi ci: „Ocknij się, cały wszechświat należy do ciebie. Wyrzuć tę żebraczą miskę i szukaj skarbu, który ukryty jest w tobie".

Twoja nieznajomość prawdy sprawia, że uparcie powtarzasz: „To nonsens! Jestem żebrakiem i chcę żebrać do końca życia. Proszę, zostaw mnie w spokoju". Jednak *Satguru* tak łatwo cię nie zostawi. Będzie ci raz po raz przypominał to samo, dopóki się nie przekonasz i nie rozpoczniesz poszukiwań.

Podsumowując: *Satguru* pomaga nam uświadomić sobie żebraczy stan umysłu, nakłania nas do wyrzucenia miski na jałmużnę i pomaga stać się właścicielami wszechświata.

Wiara i różaniec

Podczas *darśanu Dewi Bhawa* w San Ramon w Kalifornii, kiedy właśnie wybierałem się śpiewać *bhadźany*, podeszła do mnie pewna kobieta i ze łzami w oczach powiedziała: „Zgubiłam coś bardzo dla mnie cennego". Z rozpaczą w głosie wyjaśniła: „Zasnęłam na balkonie, trzymając w dłoni różaniec, który dostałam od mojej babci. Gdy się obudziłam, już go nie było. Ktoś go ukradł, a był dla mnie bezcenny. O, mój Boże, co mam teraz zrobić?". Rozpłakała się.

Zapytałem: „Czy sprawdziła pani w biurze rzeczy znalezionych?

„Tak", odpowiedziała, „ale tam go nie było".

Starałem się ją uspokoić: „Proszę nie płakać. Ogłośmy to przez mikrofon. Jeżeli ktoś go znalazł lub zabrał przez pomyłkę, to może go zwróci, szczególnie jeśli wyjaśnimy, jaką stanowi dla pani emocjonalną wartość".

Właśnie miałem zamiar zaprowadzić ją do sprzętu nagłaśniającego, gdy powiedziała: „Dlaczego to się musiało stać podczas wieczoru *Dewi Bhawa*, gdy przyszłam do Ammy na *darśan*?".

Gdy usłyszałem te słowa, spontanicznie odrzekłem: „Proszę zrozumieć, głównym powodem, dla którego różaniec się zapodział, był brak uważności z pani strony. Jeżeli był on dla pani tak drogocenny, to dlaczego zasnęła pani, trzymając go w dłoni? Tego wieczoru przybyli tu bardzo różni ludzie. Amma nikogo nie odrzuca. Daje wszystkim możliwość uczestniczenia i radowania się tym wydarzeniem. Wiedząc o tym, powinna pani uważać na swój różaniec. Natomiast pani wini Ammę, nie biorąc sama odpowiedzialności za swoją nieuwagę".

Nie byłem w stanie jej przekonać. Kontynuowała: „Moja wiara w Ammę została zachwiana".

Zapytałem ją: „Czy można w ogóle powiedzieć, że pani ją miała? Gdy ma się prawdziwą wiarę, to jak można ją tak łatwo stracić?".

Nie odpowiedziała. Zaprowadziłem ją do mikrofonu, a ona ogłosiła swój apel.

Po kilku godzinach, gdy skończyłem śpiewać, spotkałem ją przy głównym wejściu. Czekała, aby się ze mną spotkać. Powiedziała, że różaniec się odnalazł. Okazało się, że ktoś zauważył różaniec na balkonie i wziął go, myśląc, że to prezent od Ammy. Jednak po usłyszeniu apelu przyniósł go z powrotem.

Powiedziała: „Dziękuję za dobrą radę".

„Proszę podziękować Ammie, która pełna współczucia, nie chciała, aby pani utraciła wiarę" – odparłem. Zanim się z nią pożegnałem, powiedziałem: „Mimo iż tylu różnych ludzi zebrało się tutaj, łączy ich wspólna miłość do Ammy. Gdyby było inaczej, już nie ujrzałaby pani swojego różańca".

Miłość a oddanie

Rozmówca: Jaka jest różnica pomiędzy miłością a oddaniem, Ammo?

Amma: Miłość jest warunkowa. Oddanie jest bezwarunkowe.

Rozmówca: Co to znaczy?

Amma: W miłości jest miłujący i umiłowany, uczeń i Mistrz, czciciel i Bóg. W oddaniu nie ma już dwojga. Jest tylko Mistrz; jest tylko Bóg.

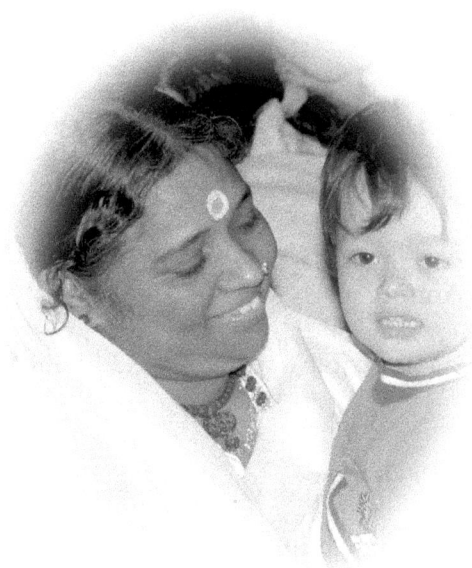

Uważność i czujność

Rozmówca: Czy uważność to to samo, co *śraddha*?

Amma: Tak, im więcej *śraddhy* posiadasz, tym bardziej jesteś uważny. Brak uważności stwarza przeszkody na drodze do wiecznej wolności. Jest jak jazda we mgle przy braku dobrej widoczności. Jest to także niebezpieczne, gdyż w każdej chwili może się przydarzyć wypadek. Z drugiej strony, czyny wykonywane z uważnością pomagają w urzeczywistnieniu wrodzonej boskości. Pomagają zwiększyć twoją jasność postrzegania z chwili na chwilę.

Wiara sprawia, że wszystko jest proste

Rozmówca: Dlaczego Samourzeczywistnienie jest tak trudne do osiągnięcia?

Amma: W rzeczywistości, Samourzeczywistnienie jest łatwe, ponieważ *Atman* jest nam najbliższy. To umysł wszystko utrudnia.

Rozmówca: Jednak święte pisma i Wielcy Mistrzowie głoszą inaczej. Środki i metody do osiągnięcia celu są bardzo rygorystyczne.

Amma: Pisma święte i Wielcy Mistrzowie starają się przedstawić to w prosty sposób. Stale przypominają, że Jaźń, lub Bóg, jest twoją prawdziwą naturą, co znaczy, że nie znajduje się daleko. Jest to twój rzeczywisty stan, twoje prawdziwe oblicze. Niemniej wiara jest niezbędna, aby tę prawdę przyjąć. Brak wiary powoduje, że ścieżka duchowa staje się rygorystyczna, natomiast wiara sprawia, że jest prosta. Powiedz dziecku: „Jesteś królem", a w przeciągu kilku sekund dziecko się z tym utożsami i zacznie zachowywać się jak król. Czy dorośli posiadają taką wiarę? Nie. Dlatego jest im tak trudno.

Skupienie się na Celu

Rozmówca: Ammo, w jaki sposób można udoskonalić swoją podróż duchową?

Amma: Poprzez szczerą *sadhanę* i koncentrację na Celu. Zawsze pamiętaj, że celem twojego fizycznego istnienia w tym świecie jest duchowe urzeczywistnienie. Powinieneś kształtować swoje myśli i czyny w taki sposób, aby pomagały ci osiągać postępy na drodze duchowej.

Rozmówca: Czy skupienie się na Celu jest tym samym, co nie--przywiązanie?

Amma: Dla osoby, która jest skoncentrowana na Celu, brak przywiązania pojawia się sam z siebie. Powiedzmy, że wybierasz się do miasta, aby załatwić pilną sprawę. Czy twój umysł nie będzie cały czas skupiony na celu podróży? Nawet jeśli po drodze zobaczysz piękny park z jeziorem, atrakcyjną restaurację czy żonglera żonglującego piętnastoma piłeczkami, to czy te rzeczy przyciągną twoją uwagę? Nie. W pełni zaabsorbowany celem podróży, twój umysł będzie obojętny wobec tych atrakcji. Podobnie, jeśli osoba szczerze skupia swoją uwagę na Celu, nie-przywiązanie następuje samoczynnie.

Działanie i więzy działania

Rozmówca: Niektórzy uważają, że działanie stanowi przeszkodę na drodze duchowej, dlatego wskazane jest, aby się od niego powstrzymywać. Czy to prawda?

Amma: Z pewnością wymyślił to leń. *Karma* [działanie] sama w sobie nie jest niebezpieczna. Jednak staje się ona niebezpieczna, jeśli nie jest połączona ze współczuciem i wiąże się jedynie z zaspokajaniem własnych potrzeb oraz niskich motywów. Na przykład, podczas operacji lekarz powinien być w pełni obecny i jednocześnie podchodzić do pacjenta ze współczuciem. Jeśli jednak w trakcie zabiegu rozmyśla o osobistych problemach, to traci uważność, co w rezultacie może zagrozić życiu pacjenta. Taka *karma* jest *adharmą* [nieprawidłowym działaniem]. Z drugiej strony, poczucie satysfakcji z udanej operacji, jeśli zostanie odpowiednio ukierunkowane, jest w stanie wznieść lekarza wyżej. Innymi słowy, jeżeli główną siłą napędową *karmy* jest wykonywanie jej z pełną świadomością i ze współczuciem, przyśpiesza to postęp duchowy danej osoby. Natomiast jeżeli działamy z niewielką uważnością lub całkowitym jej brakiem, a przy tym bez współczucia, staje się to niebezpieczne.

Jak pogłębić umiejętność rozróżniania

Rozmówca: W jaki sposób rozwija się w nas umiejętność rozróżniania, Ammo?

Amma: Poprzez działanie kontemplacyjne.

Rozmówca: Czy rozróżniający umysł to umysł dojrzały?

Amma: Tak, umysł dojrzały duchowo.

Rozmówca: Taki umysł ma większe możliwości, tak?

Amma: Większe możliwości i zrozumienie.

Rozmówca: Zrozumienie czego?

Amma: Zrozumienie wszystkiego, każdej sytuacji i doświadczenia.

Rozmówca: Masz na myśli nawet negatywne i bolesne sytuacje?

Amma: Tak, wszystkie. Nawet bolesne doświadczenia, zrozumiane dogłębnie, mają pozytywny wpływ na nasze życie. Tuż pod powierzchnią wszystkich doświadczeń, czy to dobrych, czy złych, istnieje przekaz duchowy. Postrzeganie wszystkiego z zewnątrz jest materializmem, a postrzeganie od wewnątrz jest duchowością.

Ostatni krok

Rozmówca: Czy jest taki etap w życiu duchowego poszukiwacza, kiedy powinien on po prostu czekać, Ammo?

Amma: Tak. Po długotrwałym zaangażowaniu w duchowe praktyki, czyli po włożeniu w nie wszystkich możliwych starań, nadejdzie taki czas, kiedy *sadhaka* będzie musiał zaprzestać wszystkich swoich praktyk i cierpliwie czekać na urzeczywistnienie.

Rozmówca: Czy ten ostatni krok należy do ucznia?

Amma: Nie. W rzeczywistości, jest to decydujący moment i *sadhaka* właśnie wtedy potrzebuje ogromnej pomocy.

Rozmówca: Czy tę pomoc otrzyma od *Guru*?

Amma: Tak. Wówczas jedynie łaska *Satguru* jest w stanie pomóc uczniowi. *Sadhaka* musi uzbroić się wtedy w absolutną cierpliwość. Zrobił wszystko, co było w jego mocy, ze swej strony dołożył wszelkich starań. Teraz jest bezradny. Nie wie, jak zrobić ten ostatni krok. Na tym etapie uczeń może się nawet poczuć zagubiony i powrócić do świata, myśląc, że taki stan, jak Samourzeczywistnienie, nie istnieje. Jedynie obecność oraz łaska *Satguru* zainspirują poszukiwacza i pomogą mu ten stan przekroczyć.

Najszczęśliwszy moment w życiu Ammy

Rozmówca: Jaki był najszczęśliwszy moment w Twoim życiu, Ammo?

Amma: Każdy moment.

Rozmówca: To znaczy?

Amma: Znaczy to, że Amma jest nieustannie szczęśliwa, gdyż istnieje tylko czysta miłość.

Amma milczała przez jakiś czas. Darśan trwał dalej. Po chwili jeden z uczniów przyniósł do pobłogosławienia zdjęcie Bogini Kali, tańczącej na piersi Pana Śiwy. Amma pokazała zdjęcie rozmówcy, który wcześniej zadał Jej pytania.

Amma: Spójrz na to zdjęcie. Mimo iż *Kali* wygląda groźnie, jest w nastroju pełnym błogości. Czy wiesz, dlaczego? Gdyż właśnie odcięła głowę, czyli ego, Swojego ukochanego ucznia. Głowa uważana jest za siedlisko ego. *Kali* świętuje ten szczególny moment, w którym uczeń w pełni przezwyciężył własne ego. Jeszcze jedna dusza, która wcześniej długo błądziła w ciemności, została w końcu uwolniona ze szponów *maji*.

Kiedy człowiek osiąga zbawienie, *kundalini śakti* [duchowa energia] całego stworzenia wznosi się i budzi. Odtąd człowiek ten postrzega boskość we wszystkim. Jest to początek niekończącego się święta. Dlatego *Kali* tańczy w ekstazie.

Rozmówca: Czy to znaczy, że również dla Ciebie najszczęśliwszym momentem jest chwila, kiedy Twoje dzieci są w stanie przekroczyć własne ego?

Promienny uśmiech rozjaśnił oblicze Ammy.

Największy dar od Ammy

Pewien oddany uczeń Ammy przyszedł na *darśan*. Był już w podeszłym wieku i miał zaawansowanego raka. Wiedząc, że wkrótce czeka go śmierć, powiedział: „Żegnaj, Ammo. Dziękuję Ci za wszystko, czym mnie obdarowałaś. Dałaś temu dziecku czystą miłość i wskazałaś mu drogę podczas trudnych chwil. Bez Ciebie już dawno bym się załamał. Trzymaj tę duszę wiecznie blisko Siebie". Mówiąc to, mężczyzna położył dłoń Ammy na swojej piersi.

Zaczął szlochać, chowając twarz w dłoniach. Amma z czułością wzięła go w ramiona, wycierając łzy spływające po Jej własnych policzkach.

Gdy podniósł głowę z Jej objęć, Amma spojrzała mu głęboko w oczy. Mężczyzna przestał płakać, a nawet wyglądał na radosnego i silnego. Powiedział: „Dzięki miłości, którą mnie obdarowałaś, Ammo, Twój syn już nie jest smutny. Martwię się tylko tym, czy pozostanę pod Twoją opieką także po śmierci. Dlatego płakałem. Poza tym wszystko jest ze mną w porządku".

Patrząc mu w oczy z głęboką miłością i troską, Amma szepnęła: „Nie martw się, mój synu. Amma zapewnia cię, że wiecznie pozostaniesz w Jej opiece".

Twarz mężczyzny rozpromieniła się radością. Było w nim tyle spokoju. Z wilgotnymi jeszcze oczyma Amma patrzyła w milczeniu, jak odchodzi.

Miłość ożywia wszystko

Rozmówczyni: Ammo, jeżeli świadomość przenika wszystko, to czy nieożywiona materia też ma świadomość?

Amma: Tak, ma świadomość, której nie jesteś w stanie ani odczuć, ani pojąć.

Rozmówczyni: To jak możemy ją zrozumieć?

Amma: Dzięki czystej miłości. Miłość sprawia, że wszystko ożywa i staje się świadome.

Rozmówczyni: Mam w sobie miłość, ale mimo to nie postrzegam wszystkiego jako żywego i świadomego.

Amma: To znaczy, że coś jest nie tak z twoją miłością.

Rozmówczyni: Miłość jest miłością. Jak może być z nią coś nie tak?

Amma: Prawdziwa miłość jest tym, co pomaga nam poznać życie i wszechobecną siłę życiową. Jeśli twoja miłość nie pozwala ci tego dostrzec, to nie jest ona prawdziwą miłością. Jest miłością iluzoryczną.

Rozmówczyni: Trudno to zrozumieć.

Amma: Nie, to nie jest trudne do zrozumienia.

Kobieta zamilkła z wyrazem zakłopotania na twarzy.

Amma: Nie jest to tak trudne, jak ci się wydaje. Tak naprawdę, prawie wszyscy to robią, tylko nie są tego świadomi.

W tym momencie inna uczennica przyniosła do pobłogosławienia swojego kota. Amma na chwilę zamilkła. Trzymała przez jakiś czas kota, głaszcząc go czule. Następnie delikatnie nałożyła na jego czoło pastę sandałową i nakarmiła kawałkiem czekolady.

Amma: To kotka czy kot?

Uczennica: Kotka.

Amma: Jak się nazywa?

Uczennica: Róża….(z wielkim niepokojem). Od kilku dni nie czuje się zbyt dobrze. Proszę, pobłogosław ją, Ammo, aby szybko wyzdrowiała. To moja wierna przyjaciółka i towarzyszka.

Gdy kobieta to powiedziała, łzy pojawiły się w jej oczach. Amma troskliwie wtarła trochę świętego popiołu w sierść kotki i oddała ją właścicielce, która odeszła szczęśliwa.

Amma: W oczach tej córki, jej kotka jest tą jedyną spośród milionów kotów; jest wyjątkowa. To prawie ludzka istota. Dla niej

Róża ma własną osobowość. Dlaczego? Bo ta kobieta bardzo kocha swoją kotkę, niezwykle się z nią identyfikuje.

Ludzie na całym świecie robią to samo, czyż nie? Nadają imiona swoim kotom, psom, papugom, a czasem nawet drzewom. Od chwili gdy nadadzą im imię, stają się ich właścicielami. Dla takiej osoby to zwierzę, ptak czy roślina staje się charakterystyczne i wyróżnia spośród innych tego samego gatunku. Nagle staje się czymś więcej niż tylko zwykłym stworzeniem. Kiedy ktoś identyfikuje się z danym stworzeniem, daje mu nowe życie.

Przyjrzyj się małym dzieciom. Lalka w ich oczach staje się żywą i świadomą istotą. Rozmawiają z nią, karmią ją i z nią śpią. Co ożywia lalkę? Czy nie miłość dziecka do niej? Miłość jest w stanie zmienić nawet zwykłą rzecz w coś żywego i świadomego.

Teraz powiedz Ammie, czy taka miłość jest trudna?

Wielka lekcja przebaczania

Rozmówca: Czy jest coś, co chciałabyś mi przekazać, Ammo? Jakieś szczególne wskazówki dotyczące obecnego etapu mojego życia?

Amma (uśmiechając się): Bądź cierpliwy.

Rozmówca: To wszystko?

Amma: To jest dużo.

Uczeń odwrócił się i zrobił kilka kroków, gdy Amma wykrzyknęła do niego: „...i przebacz".

Słysząc słowa Ammy, mężczyzna odwrócił się i zapytał: „Czy mówiłaś do mnie?".

Amma: Tak, do ciebie.

Mężczyzna wrócił do fotela Ammy.

Rozmówca: Nie wątpię, że chciałaś mi coś przekazać. Do tej pory takie było moje doświadczenie. Powiedz mi jasno, co masz na myśli, Ammo.

Amma kontynuowała darśan, podczas gdy mężczyzna czekał, aby usłyszeć coś więcej. Amma milczała przez jakiś czas.

Amma: Musiałeś sobie coś nagle przypomnieć, jakieś wydarzenie lub sytuację. Gdyby tak nie było, to słowo „przebacz" nie wywołałoby u ciebie takiej reakcji. Synu, nie zareagowałeś tak, gdy Amma powiedziała „bądź cierpliwy". Zaakceptowałeś to, po czym odszedłeś, prawda? Zatem z pewnością coś cię trapi.

Słuchając Ammy, mężczyzna siedział w milczeniu z opuszczoną głową. Nagle zaczął szlochać, zasłaniając twarz dłońmi. Amma nie mogła patrzeć, jak Jej syn płacze. Czule wytarła jego łzy i pogładziła go po piersi.

Amma: Nie martw się, synu. Amma jest z tobą.

Rozmówca (szlochając): Masz rację. Nie jestem w stanie przebaczyć mojemu synowi. Już od roku z nim nie rozmawiam. Czuję się głęboko urażony i bardzo na niego rozgniewany. Ammo, proszę, pomóż.

Amma (spoglądając na niego ze współczuciem): Amma rozumie.

Rozmówca: Stało się to mniej więcej rok temu, gdy przyszedł do domu pod wpływem narkotyków. Gdy sprzeciwiłem się jego postępowaniu, zareagował gwałtownie, krzyczał na mnie, a potem zaczął rozbijać talerze i niszczyć wszystko wokoło. Zupełnie straciłem cierpliwość i wyrzuciłem go z domu. Od tej pory go nie widziałem ani z nim nie rozmawiałem.

Mężczyzna wyglądał na bardzo przygnębionego.

Amma: Amma widzi twoje serce. Każdy straciłby panowanie nad sobą w takiej sytuacji. Nie miej poczucia winy z powodu tego, co się stało. Ale ważne jest, abyś mu wybaczył.

Rozmówca: Chciałbym, ale nie jestem w stanie tego zapomnieć i zostawić za sobą. Gdy serce mi mówi, abym mu przebaczył, rozum to podważa. Rozum mi podpowiada: „Dlaczego masz mu wybaczać? To on popełnił błąd, więc niech pożałuje tego, co zrobił, i niech sam poprosi cię o przebaczenie".

Amma: Synu, czy naprawdę chcesz naprawić tę sytuację?

Rozmówca: Tak, Ammo. Chciałbym również pomóc w uzdrowieniu mojego syna i siebie.

Amma: Jeśli tak, to nigdy nie słuchaj tego, co ci podpowiada rozum. Umysł nie potrafi uzdrowić ani rozwiązać takich sytuacji. Wręcz przeciwnie, rozum jeszcze bardziej to zagmatwa i tylko cię zdezorientuje.

Rozmówca: Więc jaką masz dla mnie radę, Ammo?

Amma: Amma może nie powie ci tego, co chciałbyś usłyszeć, lecz powie ci to, co naprawdę pomoże uzdrowić sytuację i przynieść zgodę między tobą a synem. Miej wiarę, a wszystko stopniowo się uporządkuje.

Rozmówca: Poradź mi coś, Ammo. Postaram się to wypełnić najlepiej jak potrafię.

Amma: To, co się stało, było i minęło. Pozwól sobie najpierw w to uwierzyć i to przyjąć. Potem zaufaj, że poza znaną przyczyną łańcucha wydarzeń, które miały miejsce tego dnia, istniała również przyczyna nieznana. Twój umysł jest bezwzględny i gotowy obwiniać za wszystko twojego syna. Dobrze. Jeśli chodzi o tamten incydent, była to, być może, jego wina. Niemniej…

Rozmówca (z niepokojem): Ammo, urwałaś w pół słowa.

Amma: Pozwól, że Amma zada ci pytanie. Czy odnosiłeś się do swoich rodziców, a szczególnie do ojca, z szacunkiem i miłością?

Rozmówca (z widocznym zakłopotaniem): Do mamy tak, miałem z nią piękną relację… lecz moja relacja z ojcem była okropna.

Amma: Dlaczego?

Rozmówca: Ponieważ był zbyt surowy i trudno mi było zaakceptować jego podejście.

Amma: Zapewne zdarzało się, że byłeś wobec niego bardzo nieprzyjemny, co raniło jego uczucia, prawda?

Rozmówca: Tak.

Amma: Sposób, w jaki traktowałeś swojego ojca, teraz powraca do ciebie poprzez twojego syna, jego słowa i czyny.

Rozmówca: Ammo, ufam temu, co mówisz.

Amma: Synu, czy ta napięta relacja z własnym ojcem nie przysporzyła ci ogromnego cierpienia?

Rozmówca: Tak, to prawda.

Amma: Czy kiedykolwiek mu przebaczyłeś i uzdrowiłeś wasze relacje?

Rozmówca: Tak, ale dopiero kilka dni przed jego śmiercią.

Amma: Synu, czy chcesz, aby twój syn przechodził przez podobne cierpienie, co w rezultacie przyniesie ból również tobie?

Mężczyzna wybuchnął płaczem i potrząsając głową, powiedział: „Nie, Ammo, nie.... nigdy w życiu".

Amma (przytulając go do Siebie): Zatem przebacz swojemu synowi, bo to jest droga do pokoju i miłości.

Mężczyzna siedział przy Ammie i medytował przez długi czas. Odchodząc, stwierdził: „Czuję się taki lekki i rozluźniony. Jak najszybciej spotkam się z moim synem. Dziękuję, Ammo. Dziękuję Ci bardzo".

Darśan

Rozmówca: Jakie powinno być podejście osób pragnących głęboko odczuć Twój *darśan*?

Amma: Jak można w pełni doznać piękna i zapachu kwiatu? Pozostając całkowicie otwartym na kwiat. A jeśli masz katar i twój nos jest zatkany? Szansa stracona. Podobnie, jeśli twój umysł jest zablokowany krytycznymi myślami i uprzedzeniami, *darśan* Ammy ominie cię.

Naukowiec patrzy na kwiat i widzi w nim obiekt eksperymentu, poeta – natchnienie do napisania wiersza. A muzyk? Zaśpiewa o nim piosenkę. Zielarz dostrzeże w nim właściwości lecznicze. Z kolei dla zwierzęcia czy owada to tylko pokarm. Żadne z nich nie zobaczy kwiatu jako kwiatu, kwiatu jako całości. Tak samo, ludzie są z natury różnorodni. Amma przyjmuje wszystkich jednakowo – każdemu oferuje tę samą możliwość, tę samą miłość, ten sam *darśan*. Nikogo nie odrzuca, gdyż wszyscy są Jej dziećmi. Jednak *darśan* będzie się różnił w zależności od wrażliwości poszczególnych osób.

Darśan jest niekończącym się przepływem. Twoim jedynym zadaniem jest otrzymanie go. Jeśli będziesz w stanie chociaż na sekundę całkowicie zaniechać wszelkich myśli, *darśan* będzie miał miejsce w całej swojej pełni.

Rozmówca: Czy w takim razie każdy otrzymuje Twój *darśan*?

Amma: To zależy od otwartości danej osoby. Im bardziej jest otwarta, tym bardziej jest w stanie odczuć *darśan*. Może nie w pełni, ale każdy otrzyma choćby niewielki wgląd.

Rozmówca: Wgląd w co?

Amma: Wgląd w to, kim naprawdę jest.

Rozmówca: Czy to znaczy, że uzyskają również wgląd w to, kim Ty naprawdę jesteś?

Amma: Rzeczywistość w tobie i w Ammie jest taka sama.

Rozmówca: Czym jest zatem?

Amma: Błogą ciszą miłości.

Nie myśl – zaufaj

Rozmówca: Ammo, jaki jest cel Twojej obecności na tej planecie?

Amma: A jaki jest cel *twojej* obecności na tej planecie?

Rozmówca: Mam pewne cele w życiu i myślę, że jestem tu po to, aby je osiągnąć.

Amma: Amma też jest tu po to, żeby osiągnąć pewne cele służące ludziom. Jednak, w przeciwieństwie do ciebie, Amma nie tylko *myśli*, że te cele zostaną osiągnięte, ale ma pełne zaufanie, że tak się stanie.

AUM TAT SAT